日本の小さなパンツ屋が
Why Worldwide Celebrities Love The Small Underwear Manufacturer From Japan
世界の一流に
愛される理由《ワケ》

野木志郎
NOGI SHIRO

あさ出版

パンツでつながった人たち

西守進
入江大三郎
高田喜代彦
上野拳
岡田弘
岡垣光幸
熊野森人
宮田典男
NOBU(松久信幸)
松久洋子
松久淑子
松久純子
ロバート・デ・ニーロ

デーブ大久保
橋本清
木田佳仁
布巻峻介
堀江翔太
野口竜司
林田ひろゆき
山田透
熊川哲也
藤井フミヤ
浮世満理子
デビッド・ベッカム

北尾吉孝
水沼貴史
川口能活
池永憲彦
MICRO
イモトアヤコ
ビリー・ジョエル
寺島純子
鈴木奈々
吉田純子
阿久津知宏
Matty
南果歩

安野ともこ
竹中直人
浅田真央
熊谷真実
伊藤英明
藤原紀香
井上真央
今田耕司
永作博美
明石家さんま
伊藤滋之
樋口卓治
みやざきみわ

渡辺謙
山本尚貴
原辰徳
宮本和知
井出川直樹
太田雄貴
朝原宣治
秋山命
角田陽一郎
後藤隆二
藪原涼介
大久保嘉人
八神純子
後藤次利
紅龍

十代目 松本幸四郎

百瀬俊介
大木ハカセ
諸橋友良
浦田景子
中野量太
諸橋寛子
石原一博
李哲三
西村晃一
大泉洋
ニコラス・ペタス
岩室家族（餃子荘ムロ）
李忠成
菅山かおる
秋山具義
谷崎テトラ
坂上美紀
三浦淳寛
堀木エリ子

Char

金子公一
高智海史
内山高志
上田正樹
小山薫堂
山口絵里加
飯端美樹
和氣慎吾
村上"ポンタ"秀一

中田英寿

川上カルロス
今井一郎
岩原旬
渡邊俊介
小野崎稔巳
飯島哲
荻田泰永
スーパータイガー
小西利行
秋山昌也
金田喜稔
山本寛斎
初代タイガーマスク
高橋朗
佐山元章
船木誠勝
前田幸長
山口智史
佐藤昭一
大和

リオネル・メッシ

HSU（スー）
白鵬翔
鳥谷敬
仲間将太

ネイマール

里健一
飯田純一郎

本田圭佑

まいどおおきに！

by野木志郎

※順不同、敬称略で記載してあります。

NOBU（松久信幸）
「NOBU」「MATSUHISA」オーナーシェフ

失敗から学ぶ生き方をしてきたのが僕であり、野木さん。その経験は何にも代えがたい。

重松 理
株式会社ユナイテッドアローズ 名誉会長

日本の技術を伝える伝道師。

水沼貴史
サッカー解説者

この男、不思議な魅力を持っています。要注意！

小山薫堂
放送作家／脚本家

パンツを最強のコミュニケーションツールに変えてしまう野木さんは、よく知らないけどすごい人だ！

諸橋友良
ゼビオホールディングス株式会社 代表取締役社長

楽しく働くこと……、それは野木さんの人生そのもの！ 義理人情を語る熱いオッサンの物語。

山本尚貴

レーシングドライバー

人とのつながりと縁を大切にする野木さんの周りには、いつもたくさんの人が！

上田正樹

ミュージシャン

強い意志を持つが心優しいジェントルマン。気配りができて笑いもとれて人を惹きつける。

堀木エリ子

和紙作家

野木志郎の魅力は、腹の底からのパッションと充ちる愛嬌だ！

安野ともこ

スタイリスト

会う度に新しい扉を開けて見せてくれ、人を心地よくする天才。誰もが野木依存症になる。

百瀬俊介

元プロサッカー選手（メキシコリーグ）／コネクト株式会社 代表取締役会長

発想から言葉へ　言葉から行動へ　行動から形に具現化する情熱がハンパない！

はじめに

まいどです！　野木志郎と申します。

職業は「パンツ屋」です。

パンツ屋風情《ふぜい》が書く本をわざわざ手に取っていただいた皆さん、ほんまにありがとうございます。

そんな皆さんに、どうしてもはじめに伝えておきたいことがあります。それは、この本がビジネスの成功ノウハウを集めた本ではないということです。

そもそも私がこの本を書くきっかけとなったのは、創業時から私を支えてくれた2人の社員と私の3人ぽっちで販売をはじめた「包帯パンツ」が、なぜ累計130万枚も売れ、なぜ世界中のセレブや著名人に支持されるようになったのか。その理由を知りたいという出版社の方の熱意にほだされたからです。

とはいえ、社歴たかだか10余年の小さな小さな会社ですので、成功しているなんて口が裂けても言えませんし、そのように思ってもいません。というか私のこれまでを振り返っても、失敗、失敗、大失敗といった思い出ばかり。そんな私が成功のノウハウなんて語れるわけがありません。

「ちょっと待って。それはいいけど、そもそも包帯パンツって何？」

そう思っていらっしゃる方も多いでしょうね。包帯パンツとは、我が社が「ＳＩＤＯ（志道）」というブランドで展開する、文字通り包帯素材で縫製したパンツです。

包帯は医療用に作られたものですから網目が広く、蒸れることがない。さらに伸縮性が高く、体にフィットするのでズレ感もありません。とはいえ、包帯でパンツを作る（創る）など前代未聞でしたから、商品にするまでが大変でした。

……という開発苦労話はこの本の主旨ではありません（笑）。

そもそも包帯パンツが誕生したきっかけは、忘れもしない２００２年６月９日、サッカー・ワールドカップの日本vsロシア戦です。

サラリーマンをやめた時に餞別でいただいたチケットで、横浜国際総合競技場にこの試合を観に行った私は、稲本潤一選手のゴールを目の当たりにしました。

今までに感じたことのない、雷が落ちて全身が震えるような感動。

どばーっ！と飛び出る涙。

その時、こう決意したのです。

「彼らのように世界で活躍する『侍』を応援したい！　彼らのポテンシャルを十二分に発揮できるパンツを作ろう！」

その想いは当時も今も、まったく変わっていません。


私は苦心の末に包帯パンツを完成させ、それを販売するため2006年にログインという会社を設立しました。私が46歳になった年です。

包帯パンツは翌2007年11月に発売。以来、ありがたいことに世界中の著名人やセレブの方々に気に入ってもらっています。

ロバート・デ・ニーロさんやビリー・ジョエルさん、セレブが通う人気和食レストラン「NOBU」のオーナーシェフ、NOBU（松久信幸）さん。マドンナのバックダンサーに穿《は》いてもらったこともあります。

国内でも、俳優の渡辺謙さんや永作博美さん、井上真央さん、サッカー解説者の水沼貴史さん、ミュージシャンの上田正樹さんや村上〝ポンタ〟秀一さん、作家の小山《こやま》薫堂《くんどう》さんや和紙作家の堀木エリ子さんなどなど、書き出したらきりがないくらいです。

本当に皆さんありがとうございます！

ちなみに、「ＮＯＢＵ」の共同経営者としても知られているロバート・デ・ニーロさんに包帯パンツを穿いてもらえたのは、ＮＯＢＵさんのおかげです。

デ・ニーロさんは２０１３年11月、映画『マラヴィータ』のプロモーションで来日しました。その時、私はデ・ニーロさんのために特別に作った包帯パンツ――ウエスト部分にRobert De Niroを表す「ＢＤ（Robertの愛称はBob）」と入った特注品――をＮＯＢＵさんに託し、都内のホテルに宿泊しているデ・ニーロさんに手渡してもらったのです。後日、ＮＯＢＵさんから「穿き心地いいねって言ってたよ」と聞き、心の中で「うっしゃ!!」とガッツポーズを取りました。

なぜ包帯パンツは、そのような著名人に穿いてもらえるようになったのでしょうか。おそらくそれは私のちょっと変わった人間関係のおかげではないかと思います。日々ビジネスをする中で、紹介がさらなる紹介につながり、評判がさらなる評判に連鎖することで、結果的にロバート・デ・ニーロさんやビリー・ジョエルさんに行き着きました。

仕事はひとりではできません。周りの人に助けられながら努力を重ねてやっていくもの。私はそう思っています。

その周りの人とどうやってつながっていき、信頼関係を構築していくのか。そして、どうやってそのつながりをひろげていくのか。ビジネスだけでなく、人生を楽しむためには一体どうしたらいいか。

それらを、私の自身の（失敗も含めた）包帯パンツ開発にまつわる経験や、包帯パンツを通じて出会った大切な人たちの行動、そして発言を中心に、まとめさせていただいたのがこの本です。

これらのノウハウは冒頭でも申し上げた通り、成功するためのものではありません。ビジネスを成功させるのも、ひろげるのも「人」です。この「人」と「人」とのつながりから、すべてが生まれます。会社というものを構成しているのが「人」であるかぎり、会社と会社をつなぐのも「人」なのです。

だとすれば、その「人」に、魅力があり、信頼ができ、可愛げがあるとしたら、どうでしょう？　つながってみたいと思いませんか？

また、そういう「人」がいれば、周りに紹介したいと思いませんか？

この本にはそんな「人」に愛される、魅力があり、信頼でき、可愛げのある「人」になるためのノウハウが詰まっています。

これらのノウハウが、皆さんのつながりをどんどんひろげ、さらにわくわくするような仕事につながっていくことに少しでもお役に立つのならば、こんなにうれしいことはありません。

それでは、しばしの間、お付き合いいただければ幸いです。時に暑苦しいオヤジの戯言《ざれごと》も混じっていますが、何卒お許しくださいませ。

Part. 1 ヒトとつながる

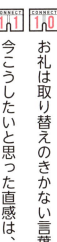

Part.2 コトをひろげる

構成／稲田豊史
巻頭デザイン／井上新八
イラスト／二階堂ちはる
本文デザイン・DTP／辻井　知（SOMEHOW）

Part.1
ヒトとつながる

CONNECT 01

ペンと箸の持ち方から人間関係がはじまる

ほんの些細なことが、人の印象をメチャメチャ左右するんです。ほんまに！

「いてもいなくてもいい社員」

私が人生で一番尊敬する師は、まだ包帯パンツを作るずっと前、大阪に本社のある通販会社・千趣会《せんしゅかい》勤務時代の職場の上司である西守進《にしもりすすむ》さんです。私は西守さんのおかげでまっとうな人格形成ができましたし、西守さんから人間関係のイロハをすべて学びました。

そもそも私は、千趣会に「いてもいなくてもいい人間」として中途入社しました。これは入社後に聞いた話ですが、本当は私ではない別の人を中途でひとりしか採用しないはずだったそうです。ところが、私が最終面接で社長とちょっとした言い合いで喧嘩してしまった（笑）ことから、社長の「俺に喧嘩売る根性ある奴ははじめてやから、とりあえずどっか放り込んどけ」の一声で、私も採用となってしまったらしいのです。

採用されたもうひとりの人は千趣会でも花形のカタログ事業部に配属されましたが、私は頒布会《はんぷかい》事業部という部署に、文字通り〝放り込まれ〟ました。

ここは、こけしの頒布事業からはじまった千趣会の伝統ある事業部で、全国から経験豊富な猛者が集まっている仕入のプロ集団。素人がすぐできるような仕事は何ひとつない。しかも予定のない採用ですから、当然私に仕事なんて用意されていません。毎日出社してやることと言えば、課長から「君、これ読んで覚えときなさい」と渡された分厚い「商品大事典」をひたすら読むことくらい。

千趣会は扱う商品カテゴリがとにかく多いので、アホみたいに分厚い本。退屈ですぐ眠くなるし、たった5分経つのが本当に長い。一日の半分をうたた寝しているような日々でした。

それを見るに見かねて手を差し伸べてくれたのが、同じ部署の上司・西守さんだったのです。西守さんはもともと世界文化社が発行する「家庭画報」という雑誌の編集者で、以前は千趣会の東京オフィスで出版を担当する部署にいた方ですが、組合活動を激しくやりすぎて大阪に転勤してきたというツワモノ。その西守さんが課長に「野木にこんなことさせてたら生殺しだ。俺が育てる」と言ってくれたのでした。

「またこの人と食事したい！」と思ってもらうには

西守さんが最初に教えてくれたのは、なんとペンの持ち方でした。ペンの持ち方って……、小学生ちゃうで……ほんまに。

私はそれまで、ペンを握り込むような形で握っていたのですが、西守さんは「そんな持ち方では相手を不快にさせるし、商談中そっちに目が行ってしまう。この人、親にきちんと育てられてないなと思われるから、かっこ悪いだろう。正しい持ち方にしなさい」と私に言いました。

商品知識をつけるとか、交渉術を学ぶとか、企画力をつけるとか、そんなこと以前の話。ほんまに小学1年生並みです。しかし、そういう**小さな小さな違和感で、人は相手に心を許さなかったり、距離を置いたり、もう一歩のところで懐に入ってきてくれなかったりするもの**。西守さんはそれを知っていたのです。

さらに西守さんは、私の箸の持ち方にもダメ出ししてきました。理由はペンと同じで、商談相手との会食中、相手に少しでも嫌な思いをさせないことと、きちんと最低限の教育を受けているという印象を相手に持たせるため。

ダメ出しされた私は、西守さんの指示で大豆と塗り箸《ばし》を買い込み、会社の机で毎日のように箸で大豆をつまむ練習をしはじめました。しばらくの間、他の社員から「お前何やってんねん!?」「事典の次は豆か!!」と突っ込まれましたが……。

西守さんは「家庭画報」でたくさんの取材に赴《おもむ》いており、ちゃんとした場所での食事にも慣れていましたから、食事マナーに関してはかなり厳しい方でした。なかでも印象に残っているのが、食べる「スピード」です。


ある時、浜松に商用があり、昼飯で私や西守さんを含む5、6人のグループでうなぎ屋に入ったことがあります。

たしか、うなぎのコース料理でした。私はものすごく腹が減っていたので、出てきた途端にがっつき、すぐにたいらげてしまいました。そして、満足してタバコに火をつけようとすると、西守さんが私を制止して「待ちなさい!」と一言。

食事中にタバコの煙が迷惑だからやめろ……という話ではありません。後で西守さんに、こう言われました。

「君は相手に食事を急がせるのか？　君が先に食べ終わってしまったら、他の人は君が『皆が食べ終わるのを待っている』ように見える。すると相手は君を待たせるまいと、急いで食べようとするだろう。それじゃあ、相手は全然食事を楽しめない。会食の際は必ず相手の食べるスピードに合わせろ」

なんとなく、あの人と食事するとリラックスできないんだよなあ……という人は、もしかすると、その人の食事の所作に落ち着きがなかったり、食事を楽しむという気持ちが感じられないからなのかもしれません。

「なんだか、この人とご飯を食べるのは気持ちいいなあ、またご一緒したいなあ」と思わせるのに、箸の持ち方や食べるスピードは、巧みなトークと同じくらい大事だということです。

西守さんからは、他にも魚の食べ方をはじめとした食事マナーを叩き込まれました。私はその後、「食事」をきっかけにさまざまな人と出会い、つながっていきましたが、それもこれも、26歳の時にこうして身につけた食事マナーのおかげ。西守さんさまさまなのです。

CONNECT 02

知っていても知らないフリがちょうどいい

相手の前知識を入れておくのは当たり前の話。でも専門家ぶったら絶対にアカン!

知ったかぶりはほんまに厳禁

西守さんには「**知ったかぶりは絶対するな。知っていても、知らないフリで聞くくらいがちょうどいい**」とも教わりました。これは私にだけではなく、会社のいろいろな人にも言っていたのを覚えています。

たとえば、熟練の職人さんなどが集《つど》う工場を訪問したり、特定分野のプロと意見を交わす会議のような時。まずは事前に、その分野について自分なりに限界まで勉強する。予習をするのです。そして、自分なりの疑問点をまとめて（質問を用意して）おきます。そのうえで、あえて「自分はズブの素人だ」という気持ちを持って、あれこれ聞く。すると、その道に詳しい人が「いい質問だ」と思えるような、的を射《い》た質問ができると同時に、予習でわからなかった疑問点も解消でき、勉強になる。まさに一石二鳥というわけです。

たとえば、皆さんは陶磁器を焼く「登り窯《がま》」というものをご存知でしょうか。斜面に連続的に複数の窯がつながっている形態の窯で、高温の燃焼ガスを案内に対流させることにより焼きを行います。

私は千趣会時代にある窯を訪れた時、そこの職人さんに「この窯の雰囲気と、この窯の雰囲気の違いは……」といった質問をしたのを覚えています。

なんのこっちゃですよね。窯業における「雰囲気」とは、窯内部の空気の状態のことを指すのです。温度はもちろんのこと、窯内の（陶磁器に焼き上がる前の）粘土の並べ方によっても対流の具合が変わってくる。それらを総称して「雰囲気」と呼ぶのです。

……ということを、私は事前に西守さんに聞いて、頭に入れておいたのでした。

闇雲に聞いても意味がない

付け焼き刃の勉強であってもいいのです。

ただ、勉強に時間をかければかけただけ、その分野にとって一番のポイントがどこかがわかってきます。**その分野の初心者が最初にぶち当たる壁はどこか？　そこを質問すれば、その分野のプロは喜々として説明してくれます。**窯の職人さんも、「雰囲気」という言葉を使って質問した私に対して、とても丁寧に説明してくれました。

「専門家ヅラしたって相手は何も嬉しくないぞ。相手の心をくすぐるような質問をどんどんしろ。そうしたらきっとお前のことを気に入ってくれる」

西守さんはそう教えてくれました。

もし何も勉強しないでその場に挑んでいたら、的が外れた質問しかできないばかりか、相手の説明もまったく頭に入ってこないでしょう。耳から入った専門用語は、そのまま反対側の耳からスルーッとすり抜けていくだけです。まさに素通り、馬の耳に念仏状態です。

しかし、事前の勉強で前もってその用語が一回でも頭を通っていれば、ちゃんと捉えることができます。頭をスルーすることはありません。

「聞く力」という言葉がありますが、なんでもかんでも闇雲《やみくも》に「それはなんですか？」と聞けばいいというものではないのです。聞くべきポイントというものがあります。そのポイントを射止められるかどうかは、結局のところ質問者の知識量とセンスにかかってくるわけです。

CONNECT 03

自分の失敗談は惜しげもなくさらけ出して正解

失敗は隠さず「やってもうた！」と言って、笑ってもらいましょう

まず「ドン（首領）」の心をつかむ

自分がクライアント（発注元）の立場で、発注先の工場なり、集団なり、チームなりと親しくなりたい時、私が若い頃によく意識していたのは、**その中で一番偉いと思われる首領《ドン》か、ペーペーでも技術レベルが一番高い人の心を、なるべく早くつかむ**ということでした。

心をつかむ方法は、前項のように、相手が喜ぶような良い質問をするのもひとつの手ですし、その他に私がよくやっていたのが、次のようなことです。

工場見学の際、普通はそそくさと移動しながら、あっさり工場見学を終えて打ち合わせになるのですが、私はあえて難しい技術でモノを作っている工程のベテランっぽい人の前で立ち止まり、ずーっとその工程を凝視します。

そして、誰もいなくなって（大抵の人は先に行ってしまうので）、ひとりになった時に質問をするのです。「ここまでの技術を習得するまで何年かかるんですか？」

その時、「もう中学卒業してからずーっとなんで40年やってるよ」みたいな答えが返ってくると、「よっしゃ」となるわけです。

首領がわかったら、その人にアプローチするのですが、そこには私なりの常套手段があります。

それは自分の失敗談を、先手を打ってさらけ出してしまうこと。自慢話をして一目置かれるように仕向けるのも手でしょうが、私の場合はその逆なのです。

工場へ行くと、大抵そこの工場長などと昼食に行ったり、夕食に行ったりすることが多いものです。その時に私だったら失敗談を語ります。たとえば、千趣会時代、はじめての海外出張で上海の印刷工場に行った時の大失敗談などはよくしました。それはこんな話です。


その日は、工場見学の後、酒に強い中国人に付き合い、昼食から紹興酒を一気飲みのオンパレードでベロベロ状態。ホテルの部屋に戻るなりバタンキューでした。

翌日、別の工場の見学に行って、手持ちのインスタントカメラで工場の写真を撮ろうとすると、フィルムが1枚も残ってない！　48枚撮りが全部撮りきってあるではありませんか！　いつ何を撮ったのか……、まったく記憶にありません。その日は、仕方なく工場にあったインスタントカメラをもらって、工場内の撮影をしました。

帰国後、一日目のフィルムを現像に出すと、あがってきた写真を見ながらアシスタントさんが一言。「野木さん、楽しそうな出張ですね〜」

え……。慌てて写真を見ると、私のバンザイポーズの写真が38枚、工場の写真が10枚。工場の写真のほうが少ないやんけ……。ちなみに38枚は昼食場所だけでなく、昼食の後で赴いた名所旧跡でのものもあり、それもバンザイポーズの連続でした。名所旧跡、一個も覚えていません……。

……といった**トホホな自虐話は相手のガードを下げるので、相手の心にスコーンと入り込むことができます**。相手はクスッと笑って、きっと印象に残してくれるでしょう。「なんやこいつ、オモロいやっちゃなー」と。

自慢話や知ったかぶりをして、自分を大きく見せようとしたり、カッコつけようとするのはどうかと思います。初対面の人に対し、自分がどれだけ大物かを主張する人もいますが、そういう態度は、「鼻につく偉そうな奴だなあ」という悪い印象しか与えません。我々がクライアントの立場であれば、こちらに悪い印象を与えないように愛想《あいそ》笑いでその場をうまくごまかすでしょう。そうなってしまうと、相手の懐に入るのに、さらに時間がかかってしまうことになるのです。

相手との距離が縮まっていなければ、いざ無理を聞いてほしい時、彼らは尽力してくれません。そういう意味でも、**「カッコつける」のではなく「笑ってもらう」ほうが、後々ビジネスでは絶対にプラスに作用する**のです。

初対面から馴れ馴れしくする

私は親しくなった下請けメーカーなどの首領に次に会いに行く時には、意図的に馴れ馴れしくふるまうようにしています。「工場長！　元気でっか？」なんて。すると工場の人たちは「この人（首領＝工場長）、クライアントともうこんなフランクな関係性になってるの？　いつの間にそんな……」と見る目が変わる。**首領の株がぐんと上がるのです**。首領としても鼻高々ですから、ちょっと無理な納期でも「お前、また無理言ってきたんか！　でも仕方ないなぁ、野木の仕事やねんから、やったるわ！」という気持ちになってくれる。いいことずくめです。

人に対してあえて馴れ馴れしく接するのは、私の流儀です。私がすごく頼りにしているパタンナーで里健一《さと》さんという人がいるのですが、彼とは初対面から「サトちゃん」と呼んでいました。

里さんをある人に紹介してもらって会社まで来ていただいた時、柔和でニコニコしていて本当に気持ちの良い人でした。だからその場で「気に入ったわー、これからサトちゃんって呼ぶけど、ええな！」「どうぞどうぞ」。それ以来の仲良しです。

ただ、「馴れ馴れしく」で間違ってはいけないのは、偉そうにやったらアカンということです。笑顔で冗談ぽくニコニコしながら接するのはいいですが、上から目線で偉そうにやれば、ただの生意気な奴になってしまいます。私はもういい年のオヤジですから、さすがに生意気とは言われないでしょうが、若い方だったら誤解されることも多いかもしれません。

「馴れ馴れしく言う」で、最近つくづく思うのが、関西弁は便利やなということです。

「俺が依頼した仕事以外は適当に流してかまへんよ。俺のだけちゃんとやっといてー。せやないと俺、会社でまた怒られんねん〜」

「サトちゃん、ほんならあんじょう頼んまっせー」

ね、便利でしょう。というわけで、今日も私は馴れ馴れしく参ります！

CONNECT 04

信頼できる人の「フィルター」を通すほどつながりは強くなる

紹介してくれた人は何よりも大事にせなアカン

粋な人のもとには人が集まる

千趣会時代、取引先であるレコード会社・ポリドールの開発部部長・石原一博さんには、数え切れないほどたくさんの人を紹介してもらいました。石原さんは当時、ポリドールの中ではかなり偉い人で、レコード業界でクラシックと言えば石原さんしかいないというくらいの方。人好きで、いつも明るくて楽しげな空気をまとっていて、しかも謙虚でした。

ただ石原さんは、人の好き嫌いがはっきりしていました。

義を尽くす人は徹底的に愛するけど、義をおろそかにする人は、取引先であっても適当にしか付き合わない。

八方美人ではないのに、いや、八方美人ではないからこそ、彼のもとに人が集まってきたのではないかと思います。

石原さんは大変なグルメだったので、私は通《つう》の食事の楽しみ方を徹底的に教わりました。蕎麦屋なら小川町の「まつや」。イタリアンなら高田馬場の「文流」。お寿司なら浅草の「美家古寿司」、ビールを飲むなら神保町の「ランチョン」……。

加えて、それぞれの店で最高においしく料理をいただくには、どんな順番で何をオーダーすればいいのかを、全部教えてくれました。

石原さんには、ほんまにありとあらゆるジャンルのお店に連れて行ってもらいました。ついこの間、当時の手帳を見返したら、週に何度も石原さんと会っていたようです。弟分のように可愛がっていただきました。


そんな石原さんが人をつなげるのは、高田馬場の「餃子荘 ムロ」が定番。一階がカウンター席で2階にテーブル席のある、餃子中心の台湾料理店ですが、そこには石原さんを中心としたいろいろな業界の人が集まってくるのです。

ソニーミュージック、東芝ＥＭＩ、ＢＭＧビクター、音楽之友社やマガジンハウスの編集長ほか、有名誌の編集長のお歴々。フジテレビが今のお台場ではなくまだ新宿区河田町にあった頃には、フジテレビの方もたくさん来ていました。

フジテレビアナウンサーの故・逸見政孝さんも、家族ぐるみでお店とお付き合いがあったと聞いています。

周囲から一目置かれている人のお墨付きを得る

石原さんは私みたいな変な大阪弁をしゃべる友人がはじめてだったらしく、その関西人キャラ部分を他のお客さんの前でいじってくれました。

彼の中では大阪弁のイメージが明石家さんまさんの「△△しまんねん」だったようで、紹介時はいつも「俺の友達の〝まんねん君〟」。おかげでお店に行くと、フレンドリーに「お、まんねん君来てるんだ」と、馴染みのお客さんに言ってもらえました。

ありがたかったのは、私のようななんの力もコネクションもない人間であっても、石原さんが「こいつ、大阪の千趣会ってとこのバイヤーで、なかなか面白い奴だから気に入ってるんだ」と、思い切りアゲてくれたことで、他のお客さんの誰もがいつもウェルカム状態で私に接してくれたことです。

私は、このように周囲から信用されている人がある人間を誰かに紹介することを、「**フィルターを通す**」という言い方をしています。

周囲から一目置かれているような人（石原さん）というフィルターを通して紹介さ

れた私は、もともと石原さんと親しい人間にとっては「安心して付き合える奴」という保証、すなわち石原さんの〝お墨付き〟を得たことになるのです。私がひとりでその店に行って突然隣の人に話しかけても、そう簡単に親しくはなれないでしょう。

当然、フィルター側の人間（石原さん）には相応の責任が生じますし、紹介された側の人間（私）はフィルター側の人の顔を潰したり、義理を欠いた行動を取ったりしてはなりません。

どちらの立場であるにせよ、このことは今でも常に注意しています。

上質な人付き合いをするために大切なこと

そのフィルターに関連して、私が絶対に守らなければいけないと思っている、人付き合いのマナーがあります。それは、店にしろ、人にしろ、**紹介してくださった方への感謝を忘れない**ということ。

店の場合は、それほど気にする必要はない場合もありますが、人の場合、特に神経を使ったほうがいいと思います。

たとえば、ある方のご紹介ではじめて会った方がとても素晴らしい方で、仕事であれ、プライベートであれ、もう一度会いたいなと思ったとしましょう。

そうしたら、**必ずその方をご紹介いただいた方へまず「一報」を入れて、再度会うきっかけを作ってもらうか、もしくはその方が忙しい場合は、直接会うことのお許しをいただく**。この「一報」が意外に重要なのです。

人とのつながりが多い人ほど、そのマナーを実践しています。人との出会いというのは、本当に大切なことで、それを重要視するか否かでそれからのひろがりがまったく変わっていきます。

「ご紹介していただいて感謝しています」

そういう意思の表れ、感謝の気持ちが、ご紹介してくださった方への「一報」なのです。まぁ、よく言われることですが親しき仲にも礼儀ありってやつですね。これを守っている人は、紹介するにもされるにも、人との出会い、付き合いを大切にしているという証となります。

人によってはその「一報」で信頼関係が深まる場合もあります。

「ここまで気を遣ってくれてる人なんや〜。センスある人やなぁ〜」と。

紹介するからには、気楽にという面もありますが、逆に、その相手が著名人だったとしたら？　それも10年かかって信頼関係を作ってきた人だったとしたら？　さらに「もう紹介してもらったから」と、あっさりと紹介した自分を飛び越えられてしまったら？　あなたはどう感じるでしょうか？

もし、あなたが人間関係をうまくつなげたい、ひろげたいと思うのであるならば、この「感謝の気持ち」、そして「一報」は絶対に大切です。

私は今までこの鉄則を守ってきたからこそ、今でもたくさんの方々とつながっているのだと思います。人とのつながりには、礼儀を尽くす。これ大事です。

CONNECT 05

プライベートのつながりをすぐ仕事に結びつけるほど野暮なことはない

まずは人間同士のつながり。仕事よりもこっちのつながりのほうが大事やで！

プライベート脳と仕事脳

私はプライベートと仕事の人間関係を脳の使い方で考えたりします。「脳？」と言われるかもしれませんが、プライベートは右脳、仕事は左脳といった感じです。

私はよく朝早くから会社の始業時間である午前9時までは右脳を使い、デザイン仕事をしたりします。そして、始業後は、ずーっと左脳を使って実務関係の仕事。そうすると、夕方頃にはもう完全に麻痺状態で、アフターファイブは右脳を使いたくなってきます。早くお酒を入れてリラックスさせ、音楽を聴きに行ったり、バンドをやったり、気の許せる人と会食したりと、右脳が喜ぶことを中心に行動したくなります（そんなん言い訳じゃあ！　と言われそうですが……）。

そのアフターファイブで右脳を喜ばすことを目的としているところに、左脳的な仕事の話が入ってくると途端に脳がショート（笑）。だから仕事の話をすると、ほとんど忘れているんです（これは私の周りの人、取引先も含めて全員が周知の事実です）。

もちろん仕事上の会食は頻繁にあります。この時が大変。左脳を使うのは夕方でもう終わっているので、飲んでいる時には仕事の話はほとんどしません。仮にしたとしても、処理能力がないので、すべて忘れています（笑）。

右脳と左脳をうまく連携させることができない不器用な人間と言ってしまえばそれまでですが、一緒にうまく使おうとするとショートする。なんかここら辺が人間関係に通じるところがあると思ってしまいます。

仕事だけでなく、プライベートで会食があって、いろんな方と知り合うこともあります。紹介されたり、紹介したり。でも、プライベートでつながっても、すぐ仕事につなげることはありません、と言うかしません。

くだらないと思われるかもしれませんが、これが人付き合いのセンスなのかもしれません。仕事の業界が近くて、お互いにメリットがあって、「次回ビジネスしましょう！」という話であればいいのですが、**人を介してプライベートで知り合った人に突然仕事の話を持ちかけるのは、ピンポンも押さないで、土足で相手の部屋に踏み込むようなもの**。そこまでやると「仕事困ってるの？」と思われるのがオチですし、損です。絶対にアカンとは言いませんが、あなた自身のセンスを疑われます。

誤解を招くといけないので言っておきますが、私は基本的に来る者は拒みません。人が来るのはまったく問題ないですが、こちらからは行きたくない、ということです。そこまで神経質になる必要はないと思われるかもしれませんが、**人の第一印象は意外と最後までモノを言います**。

私の場合、たまたま知り合った人が、攻めたい会社の人であったとしても、あえてそこで仕事の話で攻め、アポイントを取るのではなく、逆に相手にもう一度会いたいと思わせるくらいのインパクトを与えて、アポイントを取らせてほしいと相手に言わせるように話題を持って行きます。人付き合いのセンス、めっちゃ大切やと思います。格好悪いことはやめておきましょう。

餃子荘ムロでは「自転車」「食べ物」の話だけ？

先述の餃子荘ムロで他のお客さんと話す時は、ビジネスのビの字も出てきませんでした。後々ビジネスでつながることがあるにしても、その場はほとんど趣味の話だけ。音楽と自転車と食べ物の話、たまに女の話（笑）も出ましたが。名刺に刷られた会社名や業界や肩書に縛られない場所だったからこそ、会話もはずんだのです。
もし「どんなお仕事ですか」「そちらの業界の景気は」「御社でしたら△△さんと一度お仕事させていただいたことが……」なんて野暮な話をはじめてしまったら、きっと相手の地位や年齢を気にしながらの会話しかできないでしょう。

相手の地位が高いとわかれば、知らず知らずのうちにへりくだる態度を取るかもしれませんし、同じ業界で競合他社の社員だと判明すれば、気を許しにくくなる。せっかくのアフターファイブが仕事の延長になって気持ちが休まりません。

人間同士がつながりを持つのに、ビジネスとプライベートは分けるべきだと思います。最近、SNS大流行なんで、ビジネスとプライベートの境目が難しいですが、SNSは近況報告の場で、人とつながるためのツールだと思うと、ちょっと違和感を感じてしまうのは私だけでしょうか？　**人とつながるのはリアルだけで十分**だと思います。

仕事だけでも多くの人と会うのに、プライベートまで仕事と一緒にしたら、もうね、大変っすよ。脳がショートして……、しんどいっす！

CONNECT 06

アフターの名刺とビジネスの名刺は違う

本気やったら酒の力を借りず
シラフで会わんとアカン！

決意の和太鼓パフォーマンス作戦

包帯パンツが世にデビューするきっかけとなったのが、ユナイテッドアローズの重松理社長（現・名誉会長）との出会いです。

私が重松社長とはじめてお会いしたのは、原宿にある眼鏡店・オプティシァンロイドの並木豊明社長が主宰したパーティー。当時の私は包帯パンツを開発して売り出そうと、卸先を必死になって探していた時期です。いいモンはできたけど、売る場所がない。正直、焦っていました。

その時ちょうど、当時原宿の商店会でつながりのあった並木社長から、「重松社長が商店会の新年会に来るから、紹介しようか」とのお話をいただいたのです。

もちろん私は飛びつきました。「このチャンスをなんとかせな！」

でも、普通に紹介してもらっても意味はない。何かインパクトを残そうと思っていた時、チャンスが到来しました。

たまたまその新年会での演目となっていたお琴の奏者が急に都合が悪くなり、私が和太鼓を習っているのを知っていた並木社長に、代わりに出てほしいと頼まれたのです。「やった！」

そしてその時、ふとひらめいたのが、和太鼓の師匠である林田ひろゆきさんとのセッション太鼓でした。鼓童と言うとご存知の方も多いかもしれませんが、林田さんは世界を舞台に活躍する和太鼓奏者です。

そんなプロとのセッションをやれば間違いなく目立つ。重松社長の印象に残るのではないか？　そう思い、その依頼を受けました。

「パンツ屋の社長が和太鼓なんてできるんか？」との突っ込みはごもっとも。でも、ウケ狙いや目立ちたがり根性だけでやるわけではありません。

私は林田さんに3年前から稽古をつけてもらっていたので、彼にパフォーマンスをしてもらうとともに、連日の猛特訓も何とか頼み込んで了解してもらいました。

そして、パーティー当日です。

私たちのパフォーマンスは見事に大成功。息を切らし、万雷の拍手に包まれながら楽屋に引っ込みました。そして、汗だくのコスチュームを急いで着替えているまさにその時、並木社長が重松社長を連れてやってくるではありませんか！　えっ、息があがってるこんな時に！　並木社長、間が悪すぎですよ……。

「この人、面白いパンツを作ってるんですよ」と並木社長。

「そうなんですか」と重松社長。

反応は薄い、というかほぼゼロ。会話が続きません……。

焦った私は、慌てて「包帯でパンツを作ってます！　今度ご提案に伺わせてください！」と言い、重松社長と名刺を交換するのが精一杯でした。

名刺は集めればいいわけじゃない

後日、正式にアポイントを取り、重松社長と改めてお会いすることができました。

しかし部屋に通された、その時です。重松社長がまるで初対面であるかのように、丁重に名刺を出してきたのです。あれ？　こないだ交換してるよな……。そこで私は、おずおずと言いました。

「あの〜、一度、原宿商店会の新年会でお名刺を頂戴しておりますが……」

すると重松社長は少し怪訝《けげん》な顔をして、こう言いました。

「あっ、あれはアフターの名刺で、これはビジネスの名刺です」

なんのこっちゃ？？？

私もそんなに記憶力の悪いほうではないので、この間もらった名刺と寸分違わない名刺であることは、わかります。そこではたと気づいたのです。そうか、同じ名刺でも、どんなシチュエーションで交換したかによって、意味合いが変わってくるということか！　さすが重松社長と、たいそう感動しました。

確かに、**アフターな空気のビジネス交流会などで名刺交換をしても、相手の顔や発言はあまり記憶に残りません。そこで交わした他愛もない会話は、後のビジネスの場でほとんど意味をなさないことも少なくない**のです。

名刺は集めればいいというものではない。自分は、集めた名刺の厚さを自分の顔の広さと勘違いしているのではないか……。重松社長のふるまいで、私はそう気づかされた気がしました。

実は、これには後日談があります。

重松社長はこの時、あれだけの和太鼓パフォーマンスをしたにもかかわらず、私と会ったことを忘れていたらしく、「あ〜、あれはね、君と会ったことをすっかり忘れてたんだよ」と一言。臨機応変にごまかしたというのが真相でした。深読みした私って……。

とはいえ、「アフターの名刺とビジネスの名刺は違う」という考え方自体は間違っていない、ビジネスのつながりを作るうえで大事なことだと思います。

重松会長、今これを聞いたらどう思うかなあ。

きっと忘れているでしょうね。

CONNECT 07

名刺に執着しても つながりは生まれない

ほんまに大切な人とは
名刺がなくても連絡取れます

名刺なんてなくても困らない

名刺の話をもうひとつ。

実は今、交換した名刺は半年で倉庫の奥にまとめてしまい込んでいます。なぜなら、その後ビジネスでなんらかのつながりが発生している人は、名刺を交換してから1ヶ月以内にメールのやり取りをしているから。

一度でもメールのやり取りをしているならメアドは残っていますし、メール末尾の署名欄にはその他の連絡先も書いてありますから、それで十分。名刺の原本は机の中に置いておく必要はありません。

名刺を交換してから1ヶ月以上経ってもなんのやり取りも発生しないということは、少なくともビジネス上では今後つながることはほとんどないということ。

プライベートでは、もしかしたら「飲みに行こか」となることがあるかもしれませんし、紹介してくれた人を介在した誘いもあるでしょう。でも、そんな時に正確な肩書が刷られた名刺がなくても、なんら支障はありません。

私が名刺に頼らなくなったのは、何気なく机の引き出しを開けて名刺の束をしげしげと見つめたことがきっかけです。これ、私の悪いクセなんですが、モノを整理しようとすると、いちいち昔のことを思い出して作業がストップし、そこからジーッと見つめ、考えはじめてしまうのです。

最初のうちは「これは残しとかな。これはアーカイブ！」と名刺を仕分けしていました。でも、あまりの量に途中で嫌になってきて、そのうち昔を思い出してばかりになるので、もうダメダメ。結果、この時間がムダだなと思うに至り、「もうええ！直近半年以外は全部アーカイブ、倉庫行きじゃ！」という英断を下したわけです。

アーカイブした名刺が1000枚あったとして、そのうち2、3枚はアーカイブしないほうがよかったかもしれません。

でも、その選別をして昔を思い出しているヒマがあったら、今やれることをやり、新しくつながれる人とつながることに時間を割いたほうが、よっぽど有意義です。

もし後からアーカイブしてしまった名刺の人に連絡を取りたいと思ったとしても、今の時代はその人が所属する組織なり個人なりのウェブサイトなどを頼りに、いくらでも連絡のつけようがあります。
それで連絡を取って、「以前こういう場所で会《お》うてんねんけど」と言えばいいだけ。それに最近では「Eight」みたいな名刺管理アプリがあるので、スキャンして登録しておけばいいし、とにかく思い出に浸たる時間がもったいないので、「名詞は半年で倉庫行き!!」と決めてしまってもいいかもしれません。

異業種交流会・名刺交換会は意味がない

以前、サラリーマン時代に中国の若手起業家のCEOたちと会食した時や、アメリカのLAの工場などに長期間通いつめ、それぞれ現地の有力者と交換した時など、思い出深い名刺は沢山あります。ただ、いずれもその場のことだけで終わっていますし、後から名刺を見返しても「あんなとこ行ったよなあ」なんて思い出に浸るぐらいしかありませんでした。

私もログインを立ち上げた頃は、異業種交流会とか勉強会とかにどんどん参加して、ハイエナのようにあっちこっちに行っては名刺交換をしていました。たしかにその時は「これで仕事がどんどんひろがっていくぞ」と思ってもいました。

でも、今ではそんなことにはさしたる意味がないと思っています。ろくに話もできず短時間で名刺交換したところで、後から顔も思い出せやしません。どうせ向こうも、私の顔なんか覚えていないでしょう。こんなことをここで書くまでもなく、皆さんうすうすわかっていることかもしれませんが、**異業種交流会や名刺交換会などほとんど意味はありません**。その中で本当に生きてる名刺が何枚残っていますか？　私の場合、ゼロです。ゼロ。ハッキリ言います。意味なし。時間とカネと労力のムダ。他に時間を使いましょう。

あくまで自己責任ですが、「名刺は時期がきたら倉庫の奥にしまってしまう」は、良いやり方なのではないでしょうか。何より、それを実践した私は、今現在全然困っていないのですから。

CONNECT 08

大事なヒトとの
出会いを取り持つのは
大事にしているモノ

NOBUさんって知ってますか？

私は「NOBU」グループの（オーナーシェフ）松久信幸（NOBU）さんと包帯パンツでつながりました。

NOBUさんとの出会いは、ある歯医者さんがきっかけです。千趣会時代に通っていた会社近くの歯医者さんが私に合わず困っていたところ、上司がホテルオークラ別館にあるミヤタデンタルオフィスを紹介してくれました。行ってみると宮田典男《のりお》先生の腕前が実に確かで、それからすっかり行きつけになってしまいました。

しばらく通っているうちに私が会社を辞めて独立することになり、そのことを宮田先生に伝えたところ、「どんな事業をやるの？」と興味津々《しんしん》。「包帯でパンツを作ったんですよ」「何それ！」

そこで商品を渡して宮田先生に穿いてもらったところ、大変気に入ってもらえました。私はここぞとばかり、宮田先生にパンツを何枚か渡し、厚かましくも「周りに渡せる人がいたら渡してください」とお願いすると、どでかい会社の社長さんをはじめ、いろいろな方にパンツを渡してくださったのです。

そのひとりが、NOBUさんでした。

ご存知の方には説明するまでもありませんが、NOBUさんこと松久信幸さんは、新宿の寿司屋で修行したのち、24歳でペルーに渡って日本食レストランを開業。その後は、アルゼンチンのブエノスアイレスで働いた後、アメリカのアラスカ州にはじめて自分の店を持ちますが、なんと火事でお店をなくしてしまわれます。しかしそこから再起を遂げるのです。

1987年、ビバリーヒルズに「MATSUHISA」をオープンすると、ハリウッドセレブたちの間でまたたく間に評判となり、常連客だったロバート・デ・ニーロさんとともにNYに日本食レストラン「NOBUニューヨーク」を開店。「NOBU」で食事をすることは、セレブの間でひとつのステータスとなっていきました。

現在、日本では虎ノ門にNOBUトーキョー（in虎ノ門）を展開する他、世界中で44店舗を、「MATSUHISA」は世界で8店舗を展開しています。

包帯パンツが取り持つご縁

そのＮＯＢＵさんが、ミヤタデンタルオフィスがかかりつけであることを宮田先生にお聞きした私は、軽い気持ちで「それならＮＯＢＵさんに、包帯パンツをお渡し願えますか？」とお願いしました。

その時、会社を立ち上げたばかりでもあったので、小さなチャンスでもモノにしたい、とにかくひとりでも多くの人に包帯パンツを穿いてもらいたい、そう思って必死でした。ただ、ミヤタデンタルオフィスに置いてあるＮＯＢＵさんのレシピ本を見て「この方は誰ですか？」と聞いたくらいなのですから、ＮＯＢＵさんがそんなにすごい人だとはまったく知りませんでした（ＮＯＢＵさん、すんません！）。

そうこうしていると、後日先生が「ＮＯＢＵさん、パンツすごく気に入ってたみたいだよ」と教えてくれました。それはよかったと胸をなでおろしていると、今度はすごいサプライズが！

ある時、宮田先生のほうから「急な患者さんが入ったので」と、予約した時間の急な変更をお願いされました。私は予定がなかったので承諾し、指定された時間に行って治療台へ。そこで、口を開けているまさにその時、何やら向こうのほうから大男が近づいてくるではありませんか。

宮田先生が一言、「こちらNOBUさん」。口空けたままの私は「んがんがんが!」。

これにはほんとびっくりしました。

ちょうどNOBUさんが私と同じ日に予約を入れたので、私の時間をちょっとずらせば紹介できる、と先生が仕組んだのです。

その後NOBUさんを通じて、ロバート・デ・ニーロさんやジャズミュージシャンのケニー・Gさん、元サッカー・イングランド代表のデビッド・ベッカムさんの手に包帯パンツが渡る……ことになるのですが、この時はそんなこと知るよしもありません。

「包帯パンツ」という、**自分にとって一生の仕事にしてもいいと思えるモノが、宮田先生やNOBUさんとの出会いを取り持ってくれた**のです。

CONNECT 09

その人に興味を持てなければ
その先の人ともつながれない

俺の〝先〟の人脈が目的や、と
わかった時点でアウトーっ！

目当ては〝先〟にいる有名人？

ＮＯＢＵさんと知り合ってから「親しい」と呼べる関係になるまでに、実は５、６年はかかっています。そもそも、カリスマ料理人と私みたいな小さい会社の経営者が親しくなれただけでも奇跡なのですが、親しくなれた理由に心当たりがあるとすれば、ひとつだけ。私が仕事を拡大するために「ＮＯＢＵトーキョー」に通っているのではなく、「ＮＯＢＵトーキョー」を楽しむようになったからだと思います。

ＮＯＢＵさんが世界中のセレブやＶＩＰと親交があることは、知り合ってすぐにわかりました。私としては正直、ＮＯＢＵさんを介して包帯パンツをセレブやＶＩＰにめっちゃ売り込みたかった（笑）。けれども、それはＮＯＢＵさんにとって決して楽しいと言えることではありません。

もっと言えば「パンツ」なので、渡した相手に変な誤解を生む可能性すらある。だから決してお願いはしませんでした。

宮田先生にＮＯＢＵさんを紹介いただいてから、「ＮＯＢＵトーキョー」には毎月通いました。ＮＯＢＵさんは毎月一度３日間だけ帰国されるのですが、その間お店はＮＯＢＵ ＷＥＥＫと呼ばれるイベント状態に……。とにかくその３日間は、ＮＯＢＵさんに会いに来る人でお店はいっぱいなのです。

先にも書いたように、通いはじめた当初は「包帯パンツ」をひろめたい、著名人を紹介してもらいたい、野木志郎を気に入ってもらいたい、そんな野心が大きかったと思います。つまり、「ＮＯＢＵさんの先にいる人」を期待していたのです。しかし、その頃はＮＯＢＵさんと会っても挨拶する程度の間柄でしかありませんでした。

ただ、何度も通って、ＮＯＢＵさんの苦労話などを聞くにつけ、会えば会うほど「この人はすごい」と尊敬するようになりました。そして「ＮＯＢＵトーキョー」に行く目的がいつの間にかＮＯＢＵさんの熱い思いや、いろんな話を聞くことに変わり、ＮＯＢＵさんに会うことが毎月一度の自分へのご褒美デーになっていったのです。最近では、私の座ったテーブル席が、ＮＯＢＵさんの休憩席になってきたりして、本当にありがたいことだと思っています。

こんなこともありました。ひとりで「NOBUトーキョー」に行った時、NOBUさんはコースメニューの試食をしている最中でした。私が挨拶するとNOBUさんは「野木さん、こっちにおいで」と私を呼び寄せ、一緒にコース料理の試食をさせてくれたうえに、意見まで求められたのです。もちろんすべて「むっちゃ美味《うま》いっす！」としか言っていませんが（笑）。

今ではただただ、NOBUさんと知り合えたことに感謝しています。

私にとっての「NOBUトーキョー」に通う理由は、その〝先〟を期待しているからではなく、ただNOBUさんに会いたいからだけなのです。

その「先」が関係なくなると、質問が変わってくる

目の前にいる人の〝先〟にしか興味がない人は、相手にも〝先〟に関する質問しかしません。たとえば、NOBUさんに対してであれば、

「最近、デ・ニーロと会ってるんですか？」

「最近『NOBU』に来た有名人って誰ですか？」

などなど。そんなこと聞いてどうするの？って感じですよね。でも、昔の私ならそうしていたと思います。

目の前にいる人自身に興味がある場合は、質問が変わってきます。NOBUさんに対する私の質問を例に挙げるなら、最近実際に聞いた質問ですが、「どないしたらNOBUさんみたいな大成功を収めることができるんですか？」

ちなみにNOBUさんの答えは「今のままの情熱を持って行けば必ず成功する」

くっそー！　一言一言がカッコええな〜！

僭越《せんえつ》ながら、今の私も似たようなことをNOBUさん側の立場として味わっています。「最近NOBUさんと会ってます？」「ああ、今度会いにお店に行くよ」「じゃあ私も連れてってください」……って何やねん！　どつくぞ！　自分で行けや！

こういうことは、世の中にたくさんあります。取引先の人と懇親の食事を囲んでいる時、本当にこのテーブルでの会話を楽しんでいるのか、その〝先〟の大きな取引や便宜を期待しているのか。そんなものは、すぐにわかっちゃいます。「目的は何？」と。それがわかった時点でその人とのつながりは「即アウト」です。

CONNECT 10

お礼は取り替えのきかない言葉で！

お礼のメールはコピペ言葉で終わらず、
気持ちのこもった具体的な一言を添えましょう

お礼は具体的な言葉を添えて

大切にしたい人への感謝の気持ちは、具体的に表明しないことには伝わりません。たとえば、誰かにいい店に連れて行ってもらって、ご飯をご馳走してもらった時。翌日に電話なり、今だったらメールなりでお礼を言うのは当然ですが、「美味《うま》かったです」だけでは足りません。たとえば「あの餃子、めっちゃ美味かったです」といった具体的な言葉があったら、より効果があると思います。

「美味しかった」は、「ありがとうございました」「またよろしくお願いします」と同じくコピペの言葉です。他の人にご馳走してもらった時にも、取り替えがきいてしまいます。

ご馳走してくれた人は、自分のお気に入りのお店を私に教えてくれて（情報の提供）、忙しい中で私を連れて行ってくれました（時間の提供）。その人が私に提供してくれた情報と時間は、１００％私のためだけに提供してくれた大切なものです。

食事だけに限りません。ゆうべの会では何が印象に残ったのか、何が嬉しかったのか。一言でいいので、具体的な言葉を添えるのです。私自身、包帯パンツの穿き心地を言っていただくにしても、「良かったです」より「蒸れなくて快適でした！」のほうが、ずっと実感が伝わってきますし、ありがたいです。

「具体的な感謝」の一言がない人もたくさんいますが、つくづく残念だなぁと思ってしまいます。ちょっとした気配りだけで、次に会った時の印象が変わり、さらにその次にひろがっていくのに……。同じやるならちょっと一工夫を。手間はたいして変わりません！

お礼の手段はその人との距離感で

お礼を電話にすべきかメールにすべきかは、今の時代は悩ましいところです。電話だと、より細かいところまで感謝の気持ちを伝えられますが、相手の時間を予告なしに奪うことにもなる。緊急性のない用件なのに遠慮なく携帯にガンガン連絡してくる人は、「ちょっとセンスないのとちゃいまっか？」と思ってしまいます。

一方で、メールやSNSは相手の時間を邪魔しませんが、テキストだけだと少々素っ気ない――。

私の場合、仕事オンリーでお付き合いしている人へのお礼は、メールで、できるだけ早く入れます。プライベートも混じった関係の人は「今電話しても大丈夫ですか?」とSNSなりショートメッセージなりで聞いてから、電話をかけるようにしています。このあたりは相手の世代やキャラクター、自分との距離感、連絡する時間帯などさまざまな要因が絡みますので、一概には言えません。ただ、「お礼の気持ちを具体的に伝える」のが非常に重要であることは確かです。かくいう私が、おごった相手から具体的に礼を言われるのが、嬉しゅうてしゃあない人間ですから!

当然のことながら、出会った人とその後つながる場合もあれば、一回こっきりでその後つながらない場合もあります。その差は何かと言えば、やはり「お礼の内容」なのだと思います。お礼をきちんとする方とは最初にご一緒してから何年も間をあけて再会しても、その時と同じ感覚でしゃべることができます。

2009年10月、日本橋三越のホールで包帯パンツのシリーズである「甲冑《かっちゅう》パンツ」のイベントをやらせてもらいました。有名な「天女の像」がある、あの荘厳で由緒正しいホールです。

その際、司会をお願いしたフリーアナウンサーの山田透さんは、まさにそんな方でした。彼には毎年正月に干支《えと》の入った包帯パンツを送らせてもらっているのですが、必ず丁寧なお礼のメールをいただきます。ですので2017年に東京ドームでお会いした際も、2009年のイベント以来、8年ぶりの再会となるにもかかわらず、まったく違和感なく会話がはずみました。

このように、何年空いても瞬間的にその時のノリや空気が喚起される関係性もあれば、仕事で定期的に会っているのに、そこまでの関係にならない人もいる。それも「お礼の内容」が元になっている気がします。**お礼のリアクションが厚いということは、人との関係を大事に思ってくれているということ**。そりゃ、長続きしますよね。

繰り返しますが、私は基本的に「来る者拒まず、去る者追わず」の精神なので、特定の人間関係に固執はしません。逆に言えば、それでも続いている人間関係、お仕事させてもらっている人たちというのは、私が本当に大好きな方々ということになります。皆さん、ほんといつもお世話になっとります！

CONNECT 11

今こうしたいと思った直感は、絶対に実を結ぶ

「じゃあ、今度」ではなく「今」……、でしょ！

今夜飲みに行くと、扉が開く

人と会い、飲み交わすのが大好きなポリドールの石原さんは、よくこんなことを言っていました。

「この夜の時間は今日1日しかない。だから、毎日誰と酒を飲むかというのは、ものすごく吟味する」

同感です。

私は、突然思い立って、誰かに「今日、飲みに行こ！ ていうか、今から！」などと連絡することが、よくあります。もちろん「え、今からですか？ む、無理っす！」となるのが普通なのですが、私の周囲の奴らはだいぶ慣れてきました(笑)。「今日は無理っす」「なんで〜？ 何時に終わんの？ 今、どこにおんの？ そこまで俺が行くよ！」みたいな……(実際はここまでしつこくない……と思います)。

ワガママと言えばワガママですが、会いたいと思った、その「直感」を大切にしたいのです。なぜなら、**会いたいと思ったことには必ず理由があり、その直感に従うと必ず何かが起こる**から。

実際、そんなふうに直感で飲むことになった相手とは不思議と絆が深まり、その日に限って何かの扉が「バーン！」と開く――。その人との間の物事が動き出し、展開し、何かが生まれることが多いのです。神様が導いてくれているのでしょうか？

前述したパタンナー、里健一さん（サトちゃん）とも、こんなことがありました。ある時、彼のオフィスに行ってTシャツの話をしていたら、不意にものすごくたくさんのアイデアが、それはそれは泉のように湧き出てきたのです。私は話をどうしても切り上げたくなかったので、その後に予定が入っていたにもかかわらず、もうええ！と思い言いました。「サトちゃん、これから飲みに行かへん？」「え、やっぱ今……ですよね？」

サトちゃんは、当日中にやらなければならない仕事を抱えていたにもかかわらず、付き合ってくれました。ふたりで目黒の焼き鳥「よし鳥」へ。すると、出るわ出るわ。ビジネスモデルのアイデアが音を立ててブワーッ。「今、飲みに行く」という「直感」が大正解だったわけです。

「じゃあまた今度飲みに行ってゆっくり話そか」では、その時の熱が冷めてしまって、きっとここまでのアイデアは出なかったでしょう。

しつこいですが、**「直感」で、今こうしたい！と思った衝動は、必ず実を結びます。**

まだFacebookをはじめたばかりの頃、何気なく放送作家の小山薫堂さん（くまモンの生みの親で、映画『おくりびと』の脚本家）をフォローしたことがあります。すると偶然、薫堂さんが羽田空港の伊勢丹で買った包帯パンツの写真を投稿しているではありませんか！

私は投稿を見つけてすぐ、「ありがとうございます。包帯パンツを作っている野木です」とメッセージを送りました。

すると薫堂さんは「まさか投稿して1時間以内にそれを作っている社長から連絡をもらえるなんて！」とびっくりされ、喜んでくれました。私はすぐ他の包帯パンツシリーズを薫堂さんの事務所に送ったところ、薫堂さんはほうぼうでパンツのことをしゃべってくれたようです。

ポイントは「すぐ連絡した」ことでしょう。薫堂さんの立場を想像すればわかりますが、ある行動に対する反応は、早ければ早いほうが、インパクトがあります。お礼にしろ、激励にしろ、謝罪にしろ、時間が経てば経つほど効果は薄れる。鉄は熱いうちに打つ。**秒速で反応が返ってきたら、運命的なものすら感じてしまうのが人間です。**

「すぐ行動」でビリー・ジョエルにつながった！

私にとって、ロバート・デ・ニーロさんと同じくらい憧れの人であるビリー・ジョエルさんに包帯パンツを穿いてもらえたのも、もとをたどれば「直感」と「すぐ行動」が実を結んだ結果でした。

2013年、鈴木奈々さん監修の包帯パンツをイトーヨーカ堂で販売した時のこと。鈴木奈々さんのマネージャーと連絡が取れず、仕事がなかなか前に進まなくて困っていたところ、鈴木奈々さんが所属するTWIN PLANET（ツイン・プラネット）の事業企画室アソシエートプランナーである吉田純子さんが、即座に上層部に判断を仰ぎ、スケジュール通り仕事は完遂。おかげで大変助かりました。

その間、吉田さんとはずっと電話でやり取りしていたのですが、商談で顔を合わせた日、あまりにも吉田さんの切れ味が良かったので、気分が良くなり、私は思わず「今日、飲みに行かへん？」と誘ってみました。

実はその日、私は別の編集者の方と飲むことになっていたのですが、吉田さんもその人ときっと合うと思い、引き合わせたくなったのです。吉田さんは急なお願いにもかかわらず、快く応じてくれました。

その飲みの席。私は吉田さんに「ビリー・ジョエルとロバート・デ・ニーロに包帯パンツを渡す夢が叶ったら、俺はいつ死んでもええ」と言いました。

するとと吉田さん、

「あら、じゃあ早く死ななきゃいけないかも」

……どういうこと？

「野木さん、ビリー・ジョエル、つながりますよ」

「ええーー！」

聞けば、ビリー・ジョエルさんのオフィシャルカメラマンである日本人の阿久津知宏さんと面識があるのでご紹介します、とのこと。

私は厚かましいながらも勢いで「今、阿久津さん呼んで！」と吉田さんを急《せ》かしてその場で阿久津さんに電話してもらったのですが（むちゃくちゃですね）、今はさすがに無理（当たり前です）。でも3日後だったら会えるとのことで、3日後にセッティングしてもらいました。

3日後、阿久津さんと吉田さんと3人で会い、ビリー・ジョエルさんの話を4時間しました。阿久津さんはビリー・ジョエルさんが撮りたくて撮りたくてたまらなくてオフィシャルカメラマンになった方ですから、当たり前ですが、めちゃくちゃ詳しい。でも私も負けないくらい熱弁しました。とにかく私はビリーの曲のイントロだったら、ピアノで何でも弾けるので「あの曲はこういうふうに弾くんや」とかなんとか。

そんな出会いがあり、阿久津さんと意気投合した私は、阿久津さんに包帯パンツを託し、彼がロンドン公演のオフィシャルカメラマンとして同行した際、ビリー・ジョエルさん本人に渡してもらうことに成功しました。

その時、ビリー・ジョエルさんがサインしてくれた包帯パンツ、阿久津さん撮影のライブ写真、当日のセットリストは私の宝物です。

今でも弊社ログインの打ち合わせスペースに額縁に入れて飾ってあるので、お越しいただいた方は漏れなくご覧いただけます。

しかも、ロンドンでの公演ではビリー・ジョエルさんが実際に包帯パンツを穿いてプレイしてくれたとのこと！　額縁の写真を眺めて、「ああ、ビリーが俺の作ったパンツを穿いてるんだ……」と思うと、胸が熱くなります。

吉田さんも阿久津さんも「すぐ行動」の人です。

吉田さんはＴＶ番組で杉本彩さんが社交ダンスでタンゴを踊っているのを見て「この人と仕事がしたい！」と思い、ワープロで20枚もの熱い手紙を書いたそうです。しかも投函する直前に「ワープロは失礼では……」と思い直して手書きで書き直し、結局30枚の手紙を送ったとのこと。

阿久津さんは「この人が撮りたい！」と思ったら、とにかく行動。どんどん攻めて行って撮ることを許されています。ビリー・ジョエルさん以外にも、シルク・ドゥ・ソレイユや故・立川談志師匠をはじめ数々の著名人の撮影をされました。

ふたりとも「すぐ行動」が結果に結びつき、輝かしい仕事をされているのです。

CONNECT 12

ここ一番は手紙で口説く

至誠にして動かざる者は、
未だ之れ有らざるなり

諦めず3年手紙を書き続けられますか？

私の座右の銘は「至誠《しせい》にして動かざる者は、未《いま》だ之《こ》れ有《あ》らざるなり」です。

これは中国・戦国時代の思想家・孟子《もうし》の言葉で、意味は「これ以上ないほど誠《まこと》の心を尽くしても心を動かされなかった者など、いたためしがない」、つまり気持ちを尽くせば人は必ず動くということです。後に吉田松陰が引用して、日本でも広く知られるようになりました。


実は「至誠」を指針にしたのは、私の親父の影響です。

親父の生まれは徳島で、高校を卒業してから大阪に出てきました。最初は「ブリキ印刷」という、ブリキなどの金属板に印刷する会社に就職。体中が文字通りドロドロになるほど働き詰めだったそうです。

次に勤めたのは手袋屋さんでした。親父はそこで頑張って役員にまでなったのですが、会社が倒産してしまったので徳島に帰郷。そこで親父の兄貴、つまり私の伯父とともに手袋屋の会社・野木商事を立ち上げました。会社員時代の手袋ネットワークを活用したわけです。

会社は順調に拡大を続け、自社ビルを建てるまで成長しましたが、手袋業界は徐々に斜陽産業に……。そこで親父が目をつけたのが女性用のショーツ、下着でした。大手メーカーからOEMで下着を製造しようというわけです。

狙いを定めたメーカーのひとつが、京都に本社のあるワコールでした。言わずと知れた、女性用下着メーカーの超大手です。ただ、普通に考えれば、なんの取引もコネクションもない徳島の中小企業を、ワコールほどの大企業が相手にするはずもありません。そこで親父は何をしたか。手紙を書いたのです。うちの会社はこれこれこういう会社で、こんな実績があります。つきましては一度お話しさせていただけないでしょうか……と。

もちろん、1度や2度手紙を書いただけで返事などきません。しかし親父は、来る日も来る日も、諦めずに手紙を書き続けました。

そうして書き続けて3年目。ついにワコールのほうから「会いましょう」という返事がきたのです。晴れてワコールとの口座が開き、受注仕事が入るようになりました。

石の上にも3年と言うべきか、一念岩をも通すと言うべきか。とにかく、親父の「誠の心」が大企業を動かしたのです。そして親父が引退をする頃にはワコールの下請け工場の中でトップ3に入るまでに成長しました。

そんな親父の仕事に対する取り組み方を、私はずっと見てきました。**突飛なことや目立ったパフォーマンスなんかする必要はない。とにかく真面目にコツコツやっていれば、真心は必ず相手に伝わる。**

私は今でも、ここ一番で誰かを口説き落としたい時は、手紙を書くことにしています。前述の林田ひろゆきさん（和太鼓奏者）に和太鼓を教えてもらいたいと手紙を出し、堀木エリ子さん（和紙作家）にパッケージデザインをお願いしたいと手紙を出し、北尾吉孝さん（SBIホールディングス代表取締役社長）にパンツを穿いて下さい！と手紙を出して、すべて実現しました。

ただ、パンツのデザインをしてほしい！　とお願いした井上雄彦さん（漫画家）、寄藤文平さん（グラフィックデザイナー）には丁重にお断りされましたけど（笑）。

コツコツやっていれば沈まない

私が生まれた時、野木一家は大阪に住んでいました。自宅は親父が立ち上げた会社の事務所（大阪営業所）と兼用だったので、親父は基本的に家で仕事をしていました。だから私は親父の仕事ぶりをずっと見ていたものです。親父は京都のワコール本社に仕事を取りに行きつつ、徳島の工場で何かあったら大阪から車を飛ばして7時間。また7時間かけて日帰りで帰ってくる。そんな日々でした。

親父は丁寧な仕事をコツコツやる人間です。一番はじめに立ち上げたのは「野木商事」、そこで基礎を作り、最後に立ち上げた会社は、大手下着ブランドのＯＥＭ生産を請け負う「ユニオン野木」で、その時の親父は60代も半ば。その歳で新しく会社を立ち上げるバイタリティもすごいですが、もっとすごいのは売上がずっと下がらなかったこと。むしろ売上と利益は毎年のようにどんどん上がっていったのです。

「丁寧な仕事をコツコツ」やりさえすれば、売上が下がることはない。時間をかけてじっくり組み上げた基盤や築いた信頼は、ちょっとやそっとで崩れることはない。親父はそれを、身をもって示していました。

「至誠」は親父の仕事の姿勢を思い出しながら、私が自分に言い聞かせる言葉でもあります。仕事とは得てして、軌道に乗って慣れてくると適当にさばいたり、ちょっとうまくいかないだけで、やめてしまおうと考えがち。実は今から3、4年ほど前、私自身がそういう「よくない感じ」に傾きかけたことがありました。

もちろん私は経営者ですから、金儲けは大切です。ただ、あまりにも「一発儲けたろ」「いっちょ勝負に出たろ」みたいな気持ちが前に出すぎると、必ず足元をすくわれそうになる。そんな時に親父のことを思い出し、これはアカンなと反省して、とある本を読んで知った「至誠」を座右の銘にしたわけです。

苦しくてもコツコツ真面目にやっていれば、必ず報われる。当たり前と言えば当たり前ですが、ストンと腑《ふ》に落ちました。

そう言えば、私が千趣会の前、印刷製版の会社に勤めていた時も、親父に似たようなことを言われました。当時は毎日めちゃめちゃしんどくて、すぐに辞めたかったのですが、親父に「3年我慢せい」と突っぱねられました。

「3年我慢したら、大抵の仕事のノウハウは身につくもんや。せっかく入った業界なのに、わからんまま辞めたらもったいない」

結果として、そこで得た印刷や製版に関する多くの知識は、千趣会で大いに役立ちました。親父の判断が正しかったのです。

ただ、この話にも後日談が——。私は印刷製版会社に入ってから3年目にあまりの過労でぶっ倒れました。当時の記憶がすっぽり抜け落ちているのですが、母親いわく、風呂上がりに脱衣所で意識を失っていたとのこと。それを見た父はようやく「もうええ。やめやめ！」と退職を許可してくれたそうです（笑）。

Column

即行動と情熱から生まれたありがたいつながり

小山薫堂さんとの出会いは前に書きましたが、本当に神様に導かれたとしか言いようがありません。

何げなくフォローした薫堂さんのSNS。検索したわけでもなんでもないタイミングで見つけた記事。そして、いつも通り即行動。

あのメールから何度か商品サンプルを事務所に送り、その後も新作が出ると必ず送る。そんなことが数年続きました。

そんなある日、伊勢丹のバイヤーさんから「小山薫堂さんと伊勢丹でブランドを立ち上げる」との連絡が入ります。それも高級ブランド。そして、その中のアイテムとして「包帯パンツ」が選ばれたとか。

「マジでっか？　感謝です！」ってなことで、その高級ブランド「チャーリーバイス」のパンツを作らせてもらい、PRとしてJ－WAVEの番組で石田純一さんと私の対談までセットしていただきました。

それからまた数年後、とんでもないつながりを知ったのです。

私は、商品のパッケージデザインを考えてもらうために、和紙作家の堀木エリ子さんに猛アタックをしました。先にも触れたように熱い手紙を書いて。

それから堀木さんと仕事をすることになったのですが、なんと堀木さんが小山薫堂さんと仲良しだということがわかったのです。

「薫堂さん？　あ〜先週ご飯食べたよ」

「え〜〜〜っ！」

そして無理なお願いを聞いてもらえないか相談しました。

「あの〜、薫堂さんに包帯パンツのキャッチコピーを書いてもらうことできないですかね」と。

すると堀木さんは、「大丈夫でしょう、聞いてあげるよ」ということになったのです。

数日後、快諾の連絡をいただき、事務所を通して依頼をしました。1ケ月くらいしたある日、薫堂さんから直筆のキャッチコピーが届きます。そこには……。

「空気を穿いているような心地良さ　小山薫堂」

薫堂さんには合計4枚のキャッチコピーを書いてもらったのですが、残り3枚はちょっとクスッと笑わせるネタ系でした。

「倅が喜ぶ包帯パンツ」
「包帯パンツを一番喜んでくれるのはあなたの倅です。」
「大事なところを怪我したら包帯を巻くように、大切な倅には包帯パンツを……。」

さすが薫堂さん！という感じなのですが、何はともあれ、即行動と熱い情熱、それがあれば何でもできまっせ～！ってなお話でした。

CONNECT 13

“キラー質問”で人のこだわりをズバリ聞く

その人の一番大切なこだわりを聞く。
これが絆を生むきっかけになる！

一気に打ち解け、絆を築く質問

元サッカー日本代表で解説者の水沼貴史さんとはじめてお会いしたのは、先述の日本橋三越本店ホールにおける甲冑《かっちゅう》パンツのイベントでした。水沼さんには、包帯パンツの試作第一号から送らせてもらっていたので、ぜひお願いしたいということで、そのイベントでトークショーに出ていただいたのです。

私はイベント後、お礼の飲み会として、水沼さんと飯を食いたいという関係者やうちの会社のスタッフを連れて、目黒の沖縄料理店「ゆがふ」に一席設けました。全部で十数人です。最初は皆でわーっとしゃべっていましたが、時間が経つにつれていくつかのグループに分かれて個々に盛り上がるようになるのが、大人数飲み会の常。その時に私と水沼さんの2人だけがふっと、他のグループから孤立しました。すると、水沼さんが私に言ったのです。

「野木さんって、何が一番大切なの？」

唐突な質問に少し面食らいましたが、私はすかさず答えました。「家族かな。お金がある・なし関係なく、家族とおったら結構いいもんやし。だから、家族のために何をするかとか、家族との時間を作るためにどうするかを、まず第一に考えるよ」

するとＭ沼さん、握手を求めてきて言いました。「俺もだよ」

そんな水沼さんと私は、そのやり取りで一気に打ち解けました。同い年だということもその場でわかったので、そんならお互い呼び捨てでいこうやとなり、貴史、志郎と呼び合う仲になったのです。

人と人の距離が一気に縮まるのに時間が関係しない時がありますが、これはまさにそう。**サッカーで言うところのキラーパスならぬ〝キラー質問〟で、強い絆が突然育まれた**わけです。

「水沼さんって、本当に俺のことを大親友だと思ってくれてんねんな……」と感じたのは、水沼さんが何年か前に手術をした時です。結果的に手術は成功しましたが、10％くらいの確率で失敗するかもしれませんでした。

もし失敗したら、働けなくなるかもしれない。私にそう説明した水沼さんは、「もしそうなったら、俺の家族をサポートしてくれないか」と言ってくれました。

私は二つ返事でOKしました。そんなことは絶対にあってほしくないけど、万が一……、万が一そんなことになったら、私はできるだけのことをして、奥さんとお子さんたちが困らないようにしてあげたいと。

そうして手術は成功しました。後で聞いたら、私は水沼さんの家族や親族以外では、面会第一号だったそうです。

相手のこだわりを見極めた質問を

〝キラー質問〟は、まさしくキラーパスのごとく、さまざまな局面を打開し、物事を良い方向に展開させます。

私が学生時代から大好きなアーティストに上田正樹さんがいます。ライブにも何度も足を運び、アマチュアバンドをやっていた時は曲のコピーまでしたものです。

そんな上田さんを知人からご紹介いただき、何度か食事に行った時、ある質問をしたのがきっかけで、「野木ちゃん!」と呼んでもらえる関係になりました。

それは、「ブルースってアフリカの魂の叫びなんですか?」という質問。

私がこの質問をしたのは、上田さんがアフリカまで行ってレコーディングをしたアルバムを聴いて率直にそう感じたからでした。その時、私は見逃しませんでした。上田さんのサングラスの中の目がキラリと光るのを——（ほんまか?）。

そしてその日、上田さんが「野木ちゃん、包帯パンツの曲作ったるよ」と言ってくださったのです。もうビックリ！

数ヶ月後、本当にレコーディングされた包帯パンツの曲をプレゼントしていただけました。マジで感謝感激です！

水沼さんのように初対面でいきなりの〝キラー質問〟は難易度が高いものですが、**何度か会ったり、話を聞いたりして、相手のことが大体なんとなくわかってくると、その人が一番こだわってるものが見えてくる瞬間があります**。

〝キラー質問〟のぶつけどころは、そこ。相手は生き生きとそれについて答えてくれますし、信頼関係も深まるでしょう。

もちろん、そのためには相手について心から興味がある、というのが前提です。打算に基づくような質問は、すぐに見透かされますからね。

CONNECT 14

情熱×情熱は
ライバルの垣根を越える

相手がライバルであれ、何であれ、
情熱をかけた商品は壁をぶち破る

「うちのパンツに喧嘩売るんかぁ？」

前項の〝キラー質問〟や24ページの「知っていても知らないフリがちょうどいい」でもご説明しましたが、質問力の高い者同士は、たとえ敵同士でも認め合い、心を通わせ、広い意味での同志になります。

少年マンガによくある、実力を認めあった宿敵《ライバル》こそが最大の友になる——みたいな状態ですね。

以前、グンゼとお仕事をしたことがあります。グンゼと言えば、「BodyWild」などのブランドで誰もが知る男性用下着メーカーの大手。私の会社ログインとは（規模は天地の差があるものの）競合会社になりますが、ひょんなことから「BodyWild」の包帯パンツを企画することになりました。

グンゼの営業部長、イトーヨーカ堂のシニアマネージャー、私の3人がある方の紹介で会った際、同い年ということがわかり意気投合し、セブン&アイグループであるイトーヨーカ堂と西武百貨店限定で売る商品を開発しようという話になったのです。

話が決まり、グンゼの品質管理を学ぶために京都府宮津市にあるグンゼの工場へ見学に行くことになりました。私はいつもどこかに伺う時は自社の包帯パンツをお土産に持って行くので、その時も何も考えず、包帯パンツをどっさり持って工場に向かったのです。

工場に到着すると、先方の工場長が迎えてくれました。私はいつもの通り、得意げに包帯パンツを差し出すと、工場長が面食らったような顔をしています。

工場長「え？　パンツ？」

野木「はい、……あれ、サイズちゃいますか」

工場長「ちゃうちゃう。あのな、うちパンツ屋やで。俺も長年工場長やってるけど、パンツのお土産もろうたのはじめてやわぁ」

しまった！　と思いました。

工場長「あんた根性あるな。うちのパンツに喧嘩売るんかぁ？（笑）」

私は焦り、失礼しましたと平謝り。ただ、もちろん工場長は怒っているわけではなく、なんやこいつと呆れていたのです。

そりゃ、そうです。パンツを作ってる人間に他社製のパンツをお土産で持って行くなんて、キリンビールの工場にアサヒスーパードライを持って行って、「これ美味しいですよ」と言ってるようなものですから。

「お前よう知っとんな」

カウンターパンチを浴びせられた私でしたが（いや、むしろパンチを浴びせられたのは工場長のほう？）、工場見学は実に有意義でした。

野木「この生地の白さ、半端ないですね」

工場長「ようわかるな。この白さは他社では出されへん」

野木「どこで買えるんですか、この生地で作った製品は？」

工場長「これ、高すぎてお蔵入りやねん。うちは高級なパンツよう売らんから」

こんな感じで、目に入るものについてどんどん質問しました。

「これって縮率《しゅくりつ》どんなもんですか？」

「これ、どこの糸使ってます？」

「これをT400（東レ製の伸縮性のあるポリエステル）に変えたらどうなります？」

すると工場長、「お前よう知っとんな」と感心してくれました。

こちらも零細企業とはいえパンツ屋ですし、包帯パンツの開発で大変な試行錯誤を繰り返したので、生地の開発過程については、かなり突き詰めてやってきました。

自分の仕事をどれだけ突き詰めてきたかは、同じ分野を知る者に隠しようもなくバレるもの。浅い質問を投げれば、「あんまり知らんな、こいつ」と品定めされてしまいます。

最大の賛辞「お前なら、うちのすごさわかるやろ」

私と工場長はパンツ屋同士、命をかけてパンツを作っているからこそ、質問ひとつで通じ合えました。

日々頭と手を使い倒してパンツと格闘しているからこそ、この糸を変えたらどうなるか、この糸を一本抜きにしたら（業界用語的には「目とばし」と言い、粗い生地になる）どうなるか、そんなひとつひとつについて、自分が今やっていることから容易にシミュレーションができる。それを相手に質問としてぶつけられる。

パンツ屋以外には何を言っているのかサッパリだと思いますが、すごく高いレベルで通じ合っている。そうなると、〝同志〟としてお互いをリスペクトする心が生まれ、ビジネス上の競合関係を越えるのです。しまいに工場長は「同業他社には見せへんのやけど」と言いながら、設備を全部見せてくれました。

「お前なら、うちのこのすごさわかるやろ」

そんな言外のメッセージが含まれているようでした。

見学が一通り終わると、「今日はもう帰るんか」と工場長。本当はその後別の場所に行く予定がありましたが、まだ大丈夫ですよと答えると、なんと工場長がメンバーを集めて食堂で酒盛りを開いてくれました。酒は皆の持ち寄りです。この上なく楽しい宴だったのは、言うまでもありません。そしてその時、つくづく思いました。

「**情熱は人と人をつなげるんやなあ**」と。

CONNECT 15

仁義を尽くせば 相手の心に必ず響く！

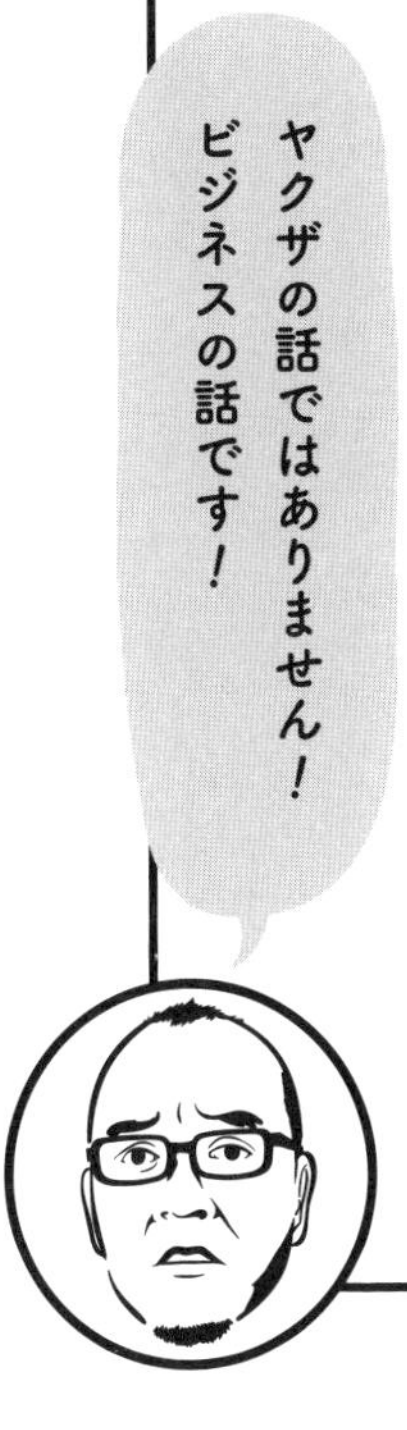
ヤクザの話ではありません！
ビジネスの話です！

侠気で諦めていた話が大展開

スポーツ用品販売大手「スーパースポーツゼビオ」を擁するゼビオホールディングスの諸橋友良《ともよし》社長は、侠気《おとこぎ》の人です。

ゼビオはアスリート御用達の店ですから、包帯パンツを置いてもらうのは、以前からの念願でした。同社とつながったきっかけは、私が元K－1ファイターのニコラス・ペタスさんと知り合い→ペタスさんが諸橋社長の奥様と知り合い→奥様がゼビオのバイヤーさんにつなげてくれて……という流れです。

ただ、ゼビオのバイヤーさんに一旦はアプローチしたものの、先方も忙しかったのか、まったく返事がありません。こちらも半ば諦めかけていて気づいたら1年もの月日が流れてしまいました。

ある時、ゼビオの東京支社（ゼビオの本社は福島県郡山市）の新しいオフィスができるという連絡が入ります。これは好機と、私は東京支社長に挨拶に行くことにしました。支社長に面会し、「実は1年ほど前から提案させていただいておりまして」と言うと、支社長はすぐに諸橋社長に連絡を入れてくれました。そして、諸橋社長が東京支社にいらっしゃるタイミングで、引き合わせてくれることになったのです。

諸橋社長は2200億円を売り上げるグループの社長で、何せものすごく忙しい方ですから、普通だったらそうそう簡単には会えません。これは千載一遇のチャンス！

アポの日。支社長と一緒に東京支社の最上階にある応接室にエレベーターで向かう途中、ドアが開きました。

入ってきたのはポロシャツとデニムの（私からすれば）若造？　すると支社長は言いました。

「こちら諸橋社長です」

「えええええ!?　はっ、はじめまして！」

思いのほかラフな装いだったので驚きました。

うやうやしく応接室に入り、私は用意してきたお土産を諸橋社長に差し出しました。木箱入り・藍染の包帯パンツです。

それを見た諸橋社長は、エラく感動してくれました。

「へえ、こんなパンツがあるんだね」

「はい、2万8000円です（笑）」

「え！　原価は？」

「原価は言えません（笑）。でも人間国宝の方が染めました」

「もらっていいの？　これ」

「どうぞどうぞ！」


これを皮切りに、今までの経緯を諸橋社長に説明すると、1年も待たせたことについて詫びてくれたばかりか、「ぜひやりましょう！」と言ってくださいました。

そして、その展開が普通のレベルではありませんでした。ゼビオ全店舗で2スパン（棚2つ分、幅2メートル40センチ）にわたる、破格の一大展開です。

浮気は絶対にしない！

その展開にあたって諸橋社長からお願いされたことがあります。それは、ゼビオの直接競合にあたる店で販売する時は声をかけてね、ということでした。

私はもちろん、仁義は通しますと約束しました。

私はこういう仁義は絶対に通します。包帯パンツ発売当初もそうでした。やっと売らせてもらえることになったユナイテッドアローズと百貨店の伊勢丹に仁義を通し、「この2社で満足行く結果が出るまでは、アローズの競合となる別のセレクトショップや新宿伊勢丹の競合となる新宿の百貨店には、絶対に提案に行かへんぞ」と固く心に誓ったのです。

浮気せず、「それだけ真剣にやってる。あんたに一途や」という気持ちを見せたら、必ず相手は気持ちで返してくれる。そう信じていましたし、事実そうなりました。

ただ、ゼビオでの一大展開にはひとつだけ懸念されることがありました。それは包帯パンツの価格設定が、量販店で売るには高すぎるということでした。しかし、いざ販売してみると、幸先の良いスタート。「さすがゼビオの展開力。これはいけるぞ！」と思ったのですが、結果的に私が求めている大ヒットにはいたりませんでした。

その頃、我が社ログインは大変苦しい状況にありました。とある大手の販路で包帯パンツの販売が終了してしまい、会社の売上がガタンと落ちていたのです。このままではやばい。だからゼビオは私にとって頼みの綱でした。

会社の状況を汲んだ諸橋社長は——これは推測ですが——側近である各部署の責任者たちにトップダウンで指令を出しました。彼らは包帯パンツの売上を上げるため……というか私とログインを救うために、手の届きやすい価格の廉価版パンツやら、包帯素材のサポーターやら、ランニング用パンツやらと、新しい商品企画をたくさん提案してほしいと依頼してくれたのです。

私はそれらの依頼を受けて必死に新企画を考え、ゼビオのオリジナル商品としていくつも開発しました。その甲斐あって、ゼビオでの包帯パンツの売上、ひいてはログインの業績は、見事に上向いたのです。

これも、諸橋社長の仁義のおかげです。普通の商売であれば、一大展開してくれただけでもありがたいこと。しかも売れていなかったわけでもありません。感謝こそすれ、文句を言える筋合いのものではない。しかし諸橋社長はそれを遥かに凌駕《りょうが》する救いの手を差しのべてくださいました。

諸橋社長は私の仁義に対して、きっちり仁義で返してくれたのです。

正直言って、ゼビオで展開しはじめた後、諸橋社長の言うライバル店からも、包帯パンツの取り扱いについて問い合わせがありましたが、いずれも断っています。

いろいろな方から、ゼビオ以外でも売ればいいのにとも言われます。

でも、ログインがつぶれそうになったとしてもゼビオ以外では絶対に売りませんと心に誓っています。

兄弟の契り

諸橋社長との関係は、取引先というより「兄弟の契《ちぎ》り」を交わしたような関係。年に1回程度しかお会いしませんが、会えば徹底的に飲みます。

諸橋社長も私と同じく音楽が好きで演奏もするクチなので、楽器が置いてあって演奏できるカラオケにも一緒に行くのです。

諸橋社長は今でも変わらず、私に対して仁義を貫いてくださっています。

こんなこともありました。

諸橋社長が知り合いのＶＩＰにお土産として渡してくださっている「ゴムなし包帯パンツ」があるのですが、ある時期以降からしばらくの間、ゼビオの社員さんの手違いで渡す商品が「通常の包帯パンツ」になってしまっていたのです。それを知った諸橋社長は、それはもう大変な剣幕で社員さんを説教されたそうです。

包帯パンツを、まるで自分の会社の商品のごとく大切に扱ってくださっているからこその激怒。包帯パンツに関するしくじりは、自分に関するしくじり。我が事のように怒ってくださったと聞いて、私はとても嬉しかったです。

怒られた社員さんは本当にお気の毒だったでしょうが（笑）。

CONNECT 16

ギブ・ギブ・ギブ・ギブ・アンド・テイクの気持ちを忘れない

利他の精神。わかっていても実行するのはめっちゃ難しい！

利他の精神の塊のような人

「利他の精神」で真っ先に思い浮かぶのが、コネクトという会社を立ち上げてプロスポーツ選手のマネジメントをやっている百瀬《ももせ》俊介さんです。

彼は2013年11月4日、プロサッカー選手・三浦淳宏（現在は三浦淳寛）さんの引退試合で中心的に動いていた方。私が包帯パンツを引退試合の出場選手全員に提供したきっかけで知り合いました。

彼は包帯パンツをいたく気に入ってくれたらしく、名だたるスポーツ選手にエライ数のパンツを精力的に配ってくれました。

その中には、本田圭佑選手や、メッシ選手、ネイマール選手といった超一流選手もいます。なぜそんなにコネクションがあるのかというと、彼は中学卒業後に単身でメキシコに渡ってユースチームに入り、プロリーグで活躍の後に帰国。長い海外経験を生かして来日するサッカー選手の通訳を行っていたからです。

百瀬さんはメキシコ仕込みの、うるさいくらい明るい人。面倒見が良くて、その人のため、サッカー界のためになるのだったら、見返りなしに動く。

自分の身を削って東奔西走する。彼が立ち上げた会社コネクトは選手のセカンドキャリアを支援する事業も行っていますが、スポーツ選手が現役を引退した後やっていくには厳しい世の中だからこそ、選手に対して厳しいことも躊躇なく言う。「道は作ってやるけど、そこを歩むのは本人の足」だと、おそらくご自身の経験から痛いほどわかっているからです。そこにはかつて自分も選手だったことからくる使命感のようなものがあるのかもしれません。

そんな百瀬さんのもとには、マネジメントをしてもらいたい選手が後を絶ちません。**利他の精神を実践する人のもとには、人が集まる。**私も見習わんとアカンなあ、と思います。

利他は人の奥行きを作る

利他の精神と言っていいのか、私が人との付き合いの中で大切にしている精神（言葉）があります。

それは、「**ギブ・ギブ・ギブ・ギブ・アンド・テイク**」。

この言葉は自分自身の反省からくるものです。それを説明するには、サラリーマン時代（千趣会時代）に遡《さかのぼ》らなければなりません。

当時、私はガムシャラに働いていました。とにかくガツガツしていて上昇志向が強く、自分のことしか考えていなかったように思います。

周りは百戦錬磨の猛者ばっかりのプロ集団。そこに26歳の若手が中途入社で入ってきた。上司や先輩は右も左も知らない若造の私が多少悪さをしても「かまわん、かまわん、もっとやれ！」と、温かい目で見ていてくれたのです。

その環境に甘えていた私の態度はどんどんエスカレートしていきました。

そして、ついに私に文句を言う人がいなくなったのです。

中途入社して5年が過ぎた頃でしょうか、カタログを海外で印刷するプロジェクトを提案し、採択され、2年かけて海外でカタログ印刷をして、大きなコストダウンを実現しました。その時です。

上司が優秀社員賞制度に推薦してくださり、なんと受賞してしまいました。

私は「俺がやった！　俺がやった！」と自慢タラタラ。

今考えると本当に恥ずかしい限りです。その受賞式があって、金一封をいただいたのですが、他部署からは冷ややかな目で見られていました。しかし、当時の私はそれに気づけませんでした。

そのプロジェクトは他部署の方々の協力や、取引先メーカーの協力がなければなし得なかったことだったのに、それを「自分がやった！」と息まいていたというわけです。

結果、私の周りには誰もいなくなりました。

その当時は「俺かっこいい、俺すごい、俺が大事」——。そう思っている人の周りにいてもムカムカするだけで、何にもオモロくありません。当たり前です。

周りへの感謝を忘れ、自分ばかり目立って突っ走っていた——。そんな自分に気づいた私は、猛省し、働き方を見つめ直しました。

すると、自分の成績とか成功は後からついてくるモノ、という意識が少しずつ芽生え、独立起業した際にはとにかく周りの人たちに感謝し、ギブ・ギブ・ギブ・ギブ・アンド・テイクの精神を実践していこうと思うようになったのです。

足の不自由な方から「車椅子用のパンツを作ってほしい」と言われたら作り、抗がん剤治療で髪の毛を失った女性から「包帯で帽子を作ってほしい」と言われたら作り、「椅子が堅すぎてお尻が痛く座れない」という女子高校生のためにパット付きアンダーウエアを作って送ったこともありました。

東日本大震災の時には求められるところにアンダーウエアを送っては調べ、送っては調べして、合計4000枚を超えるアンダーウエアを送り続けました。

ビジネスを度外視してでも、困っている人たちのためにできることをやる。これらはすべて過去の自分の反省から生まれた精神に従い行動した結果です。

利他の精神が自分を大きくしてくれる

最近、私もテレビや雑誌に取り上げられることがあります。「包帯パンツの開発者」とか、「下着業界の革命児」とか。でも、自分に言い聞かせているのは、「お前ひとりでできたんやないぞ！　チームがあるからできたことやぞ！」ということです。

取材されても、必ず工場のことを表に出す努力をします。

「編み」「染め」「裁ち」「縫い」という4つの工程を明らかにして、それぞれの匠を表に出すようにしたりします。

自分ひとりで見せようとしても、たかが知れています。でも、チームということになると、その奥行きは無限大です。そのことを忘れてはならないと思います。

自分ひとりを大きく見せることに力を注ぐよりも、チーム全体を見せるほうがチーム力の信頼関係も高まりますし、それを見せている人自身の価値もどんどん高まっていきます。まさしく利他の精神が自分を大きく、奥行きのある人として見せてくれ、人を惹きつけてくれるのです。

Part. 2

コトをひろげる

EXPAND 01

トラブルは、死ぬかもと思うぐらいがちょうどいい

トラブルはデカければデカいほど、チャンスもデカい

写真製版会社の怖いオッチャンたち

私は1984年に大学を卒業してから3年ほど、大阪の写真製版会社に勤めました。写真製版会社とは、印刷するのに必要な版《はん》（フィルム）を製作する会社です。版とは、ごく簡単に説明するなら、木版画で言うところの木の板に当たるもの。この版を、印刷所などの依頼で作るわけですが、私はこの仕事を取ってくる営業でした。

入社して2年目には最大手の担当をさせてもらいました。社内では売上トップ3に入るほど頑張りましたが、あまりの激務に体を壊して退職、その後、千趣会に転職することになります。

その写真製版会社はとにかく忙しくて、考える暇もない体力勝負の仕事。毎日のように午前2時とか3時に帰宅していました。

当時の私の1日はこんな感じです。

朝5時に大阪から車で京都まで行き、京都の市内中をルートセールスや飛び込み営業で回ります。趣味や余暇の時間がまったく取れない生活だったので、これによって車を運転しながらマンガを読む特技を身につけました（笑）。

昼ごろに京都を発ち、大阪には午後2時頃に帰社。そして社員食堂で給食のおばちゃんが用意してくれた昼食を食べるのですが、これは1分か2分で一気にかきこみます。なぜそんな早く食べなければならないのかというと、取ってきた仕事を1分でも早く自社の工場に回し、印刷所に納品するフィルムを作ってもらわなければいけないからです。

文字通り口の周りにご飯粒をつけたまま、食堂からダッシュで「工務」と呼ばれる進行管理担当のオッチャンのところへ行く。そして、そのオッチャンに、希望納期を書き込んだ伝票を提出するのです。

伝票の提出も一筋縄ではいきません。新人のうちは伝票の書き間違いが多いので、「もういっぺん書き直してこーい！」「そんな短納期は無理や！」など、どやしつけられることは日常茶飯事。新人だとなかなか自分の案件を優先的に処理してもらえないのです。本当に怖い人ばかりで、何度伝票を投げつけられたことか……。その伝票提出の締め切りが午後3時。そりゃ早飯にもなりますわ。

とにかく工務のオッチャンに受け付けてもらうと、4枚のフィルムが出来上がってきます。なぜ4枚かというと、4色分解という印刷の仕組みがあり……を説明すると長くなるので割愛。とにかく私は、その出来上がったフィルムに間違いがないかどうか、クライアントの求める色味が正確に出ているかどうかを、ルーペで見ながら細かくチェック（検版）します。

検版して問題がなければ、それを「校正刷り」、つまり紙に刷ってもらって終わりです。が、ここにも怖いオッチャンがいます。皆順番待ちで気が立っていることもあって、いつも怒号が飛び交っていました。毎日が喧嘩とハードネゴシエーションの日々だったのです。

ただ、新人の私が一番きつい仕事をしてることとは、工場の連中に伝わっていきました。何せ夜中の2時、3時まで仕事して、朝イチ5時に出勤です。「お前いつ寝てんねん」「いや、寝てへんよ～」なんてヘラヘラ言ってたわけですから。

そんな激務が伝わったのか、そのうち一番怖いと言われていた工務のオッチャンが、だんだん伝票の袋を投げつけなくなってくる（笑）。締め切りの午後3時を過ぎてしまっても「いいから持ってこい」と言ってくれるようになったのです。

それでも口は相変わらず悪くて、「お前早く帰ってこいや。ボケほんまぁ！　車飛ばせぇ！」「お前、昼飯食ったやろ！　食う暇があったら先に伝票持ってこい！」などと言われ続けてはいましたが（笑）。

深夜の大失態

ある日のこと、深夜の1時か2時に検版していたところ、写真の色味を直さなければならない箇所が見つかりました。しかし、それを修正する担当の方々は皆帰ってしまって誰もいない。納期は朝の5時……。

えーい、俺がやったろ、と思い立ったのが間違いでした。

ちょっと専門的な話になるので詳細は省きますが、私はとある薬品をフィルムに少しずつつけることで調整を施そうとしたのです。ところが、営業の私にそんなデリケートな技術はなく、あんのじょう大失敗。フィルムをダメにしてしまいました。

「やってもうたあーーーーー！」

私はすぐさま現場のフィルム製版の課長（このオッチャンもまたえらい怖い）の家に電話しました（深夜です。念のため）。

野木「すんません、明日納期のやつ、フィルム飛ばしてしまいました……」

課長「何やっとんじゃボケーーーーー！」

電話口の課長は激怒でしたが、夜中にもかかわらず会社に駆けつけ、原版から新たにフィルムを作り直してくれました。

課長「お前、これからどうするんや？」

野木「このまま寝ないで京都へ納品に行きます」

それで家に帰らず、服も着替えず、課長が直してくれたフィルムを京都の印刷会社まで納品に行ったのでした。

フィルム製版の怖いオッチャン（課長）がちょっと優しくなったと感じはじめたのは、その大トラブルの後だったと思います。一件が工場の人たちにも伝わったらしく「お前、あれうまいことといったんか？」「間に合いました！　ありがとうございました！」。そんな会話を交わせるようになったのです。

若かったからできた60kgの用紙運び

こんなこともありました。

京都の田舎にある小さな印刷所の仕事を受けた時のことです。その印刷所から校正刷り用の特殊紙を大阪まで当日中に運ばないと納期が間に合わない。しかし、その日に限って車は出払っていて電車。しかも紙は三束で合計60kg、米俵1俵分あります。配送業者に手配しようにも、それでは翌日着でどうにもなりません。どうしても当日中に持って帰る必要があったので、私がかついで運ぶしか、もう方法はありませんでした。

印刷所からバス停まで、いつもなら10分足らずの道のりを、ちょっと歩いては下ろし、ちょっと歩いては下ろしで30分。そこからバスに乗り、駅について階段を上り、降り、電車に乗って大阪まで。真夏のクソ暑い日でした。一生忘れません……。

ようやく会社に着くと、工場の人が

「お前これどっから持ってきた？」

「京都から運んできました」

と答えたら、それはそれは驚かれました。

この件の後、校正刷りのオッチャンが「こいつは根性ある」と認めてくれるようになったので、仕事がしやすくなりました。

私は、これら2つの大事件で、自社工場の首領（ドン）と信頼関係を持つことができました。私の中で、これは「攻略」と呼んでいます。

仕事相手として難しい相手を攻略するには、その人の視界で死ぬかもと思うほどのトラブルを乗り越えるのが一番。そうすれば根性を認められたり、一目置かれたりして、可愛がられる。そうやって難しい人をひとり攻略すると、私は自分がひとつ成長できた気がするのです。

EXPAND 02

交渉事はこっちのギリと向こうのベストで即決

なんでもはじめから正直に話すのが一番

時間をかけても募るのは不信感だけ

いきなりの結論ですが、私はビジネスで駆け引きをしません。ここで言う駆け引きとは、見積もりを依頼した相手が出してきた価格を見ながら、何度も持ち帰ってもらって探り探りジリジリと価格交渉するようなこと、です。

もちろん、このような方法が商売の常套《じょうとう》手段であることは知っています。が、はっきり言って時間のムダですし、何より互いの不信感を煽ってしまいます。何せ「こいつ、嘘ついてるんちゃうかな？　実はもっと値段下げてもいけるんちゃうかな？」という疑いをベースにした交渉ですからね。

私は最初から正直な希望を言うようにしています。

「うちは利益率△％を絶対に確保したい。だから価格は○○円以下でお願いしたいと思っています。２回目の見積もりは取らないので、出していただいた見積価格が合わなかったら、ごめんなさい、諦めてください」。こちらのギリを出し、向こうのベストをもらう。それで即決したいのです。

実は、私が駆け引きをやめることになるきっかけになった事件があります。千趣会の若手時代に担当した日本紅茶株式会社（現在は株式会社エム・シー・フーズ）大阪支店の課長だった入江大三郎さんとの一件です。

当時、私は26歳か27歳で、課長の入江さんは50歳前くらい。千趣会で「紅茶倶楽部」という商品が企画され、三菱商事を通じて紹介してもらったのが日本紅茶さんでした。ブルックボンドのティーバッグを取り扱っている会社、と言ったらおわかりの方もいらっしゃるかもしれません。紅茶倶楽部は月に何万個も売ろうとしている商品だったので、先方としても大いに期待してくれていました。

私としても、この紅茶倶楽部は千趣会ではじめて開発から作り上げることになった思い入れある商品でした。

それまでは、別の方が担当していた商品を引き継いでデリバリーだけ担当したり、という仕事が主。紅茶倶楽部は一から関わることができるので、特に気合いが入っていたのです。

土下座して泣いた日

商品仕様がある程度決まり、上代《じょうだい》（定価）を決める段となりました。ただ、私は入江さんからいただいた見積もりを「この値段では無理です」と突き返して、ある価格を指値《さしね》（希望価格を指定すること）したのです。

その根拠は、言ってみれば私の成績。会社では希望小売価格の46％以下で仕入れなければならないというルールがあり、それを達成するにはこれくらいでなければならないという、数量と見積もりの予測からはじき出されたものでした。

入江さんは苦しい顔を見せながらも、持ち帰らせてくださいとおっしゃり、数日後に新しい見積もりを出してくれました。

「野木さん、担当工場ともやり取りして、指値には届かなかったけど、ここまで頑張りました。これでもう一度、検討してくれませんか」

しかし、ここで私の心に欲が生まれました。

「まだ……叩けるんじゃないかな？」

そこで私は軽く言ってしまったのです。

「もうちょっとだけ行けるんじゃないですか？　なんだかんだ言って利益は出ますよね。駆け引きしてるんちゃいますか？」

この「駆け引き」がマズかった。入江さんの癇《かん》に障《さわ》ってしまったのです。

それまでは温厚を絵に描いたような人だった入江さんの目の色がみるみる変わり、一喝。「おんどれー！」と私にブチギレたのです。

「俺がどんな思いして工場に持ち帰って……どんだけのことをやって値段下げてきたか、わかっとんのかあっ？」

私は驚き、うろたえました。

「いやいやいやいやいやいや、そういうつもりで言うたんちゃいます！」

しかし入江さんの怒りは収まりません。

「俺はお前のことを真剣に仕事やる奴やと思うて、その意気に感じて一肌脱いだんや。それをわかってんのか！　もう、やらん！　この話はなしや！」

私はすぐにその場で土下座しました。

「すんませーーーーーん！」

心から反省しました。入江さんが苦労して奔走し、限界の価格をひねり出してくれたのは明らかなはずなのに、そこまで真剣にやってくれていることをまったく想像できていなかった。信用していなかった。だから「実は利益出ますよね？」などと失礼なことを言ってしまったのです。

入江さんにとって、私は息子ほども年の離れた若造。そんな若造を信頼してくれていたのに、私はそれにまったく応《こた》えていませんでした。恥ずかしくて、申し訳なくて、情けなくて、土下座しながら私は泣いてしまいました。

土下座した私を見かねた入江さんは、許してくれました。

そして、「いやいや、そんなんせんでええよ。わかってくれたらええねん。わかった。ほんなら今から飲みに行こか」と、昼間から飲みに連れて行ってくれたのです。

それ以降、駆け引きはすっぱりやめました。

駆け引きは相手を探り、疑い、互いの信頼を下げる行為。ビジネスに儲けは絶対に必要です。だからこそ、ギリとベストをガチンコで出し合って決める。

探り探りは、嫌いです。

Column

「夢」は1000回唱え、「大ボラ」として3回吹く

私は言霊《ことだま》の力を信じています。言霊とは、言葉に宿る力のこと。他人に夢物語だと馬鹿にされるような大言壮語《たいげんそうご》も、言い続けていれば意外に叶うのです。

たとえば、私は包帯パンツを作った時からずっと、「ビリー・ジョエルとロバート・デ・ニーロに穿いてもらうのが夢だ」と、事あるごとに口に出して言い、誰かれ構わず語っていました。「こいつアホちゃうか。日本の零細企業のパンツをそんな有名人が穿いてくれるわけないやろ」と内心思っていた人もたくさんいたと思います。

しかし先述の通り、お二人に穿いてもらうことができました。言ってみるものなのです。

「大ボラ」と言われそうな夢でも、そこに本気で情熱を傾けているのなら、とりあえず1000回は心の中で言ってみる。そのうち3回くらいは実際口に出して誰かに言う。時に呆《あき》れられることもあるでしょうが、口に出したことで人を動かす場合もあるので、馬鹿にしたものではありません。

こんなこともありました。まだログイン創業前、包帯素材でパンツを作ろうと思いついたばかりの頃。包帯パンツが画期的であるのは疑っていませんでしたが、素材に関する技術的な課題が山積みでした。

そんな時、親父の手引きで大阪のとある生地商を定年退職した、繊維業界の首領《ドン》と呼ばれる寺田忠義さんのもとへ、藁《わら》にもすがる思いで相談に行くことになりました。知見が深く、業界内での顔も広いため、力になってくれないだろうかと一縷《いちる》の望みに賭けたのです。

親父とふたりで会いに行き、私は包帯パンツの構想を話しました。すると首領、結構面白がって聞いてくれます。そして一言。

寺田さん「そんで、どこで勝負すんねん？」

私は思わず言いました。

野木「そんなもん、世界に決まってるじゃないですか！」

寺田さん「世界行くんかお前！　ほんまかあ！」

〝世界〟という言葉が、寺田さんにはものすごく響いたようです。こんなシケた業界で、包帯なんちゅう素材をひっさげて世界で挑戦するなんて！　今どきこんな話は聞いたことないし、こんな奴見たことない。オモロイやんけ、と。

寺田さんは「俺の知ってるとこあるから、頼んでみたる」と言ってくれました。そこで紹介された人が、包帯の匠、松原克巳さんだったのです。寺田さんの厳しい要求と松原さんの匠の技がなければ、今の品質での包帯パンツの商品化は不可能でした。

寺田さんと松原さんは、我々の要求（大ボラ？）に応えるため、何度も何度も試編みを繰り返し、世界最高品質の包帯を完成させてくれました。

今思えば、よくもまあ、あんな重鎮と匠にしゃあしゃあと「世界へ」なんて言えたものです。もちろん、当時は世界に行くプランも勝算もなーんにもなし。完全にハッタリでしたから、大ボラと言えば大ボラです。

私はその後も、「世界行くで～」とカマし続けています。

EXPAND 03

質問攻めが相手との距離を縮め、アイデアを生み出す

質問上手って、こういう人のことを言うんやなと、つくづく思います

質問上手なおじさんキラー

包帯パンツの販売にあたっては、何人かのとても有能なバイヤーさんのお世話になりました。当時日本橋三越のバイヤーだった岡田弘さんもそのひとりです。岡田さんは、私の包帯パンツに賭ける想いや仕事の姿勢に惚れ込み、「なんとかしてこれを世にもっとひろめたい」と思ってくれていました。

岡田さんは、バイヤーには珍しく売り場に自ら立つ人でした。人と会話をするのがとにかく好き。売り場に来る人を次々に口説き、包帯パンツを売ってくれるのです。お客さんに直接話しかけ、まるで包帯パンツの語り部のように、この商品がどれだけ素晴らしいかを説明してくれました。

普通、百貨店の売り場で特定商品を勧めるのは、その商品を作っているメーカーの販売員の仕事、つまり私の役割です。にもかかわらず、岡田さんは包帯パンツを激推し。おかげで、ものすごい数が三越で売れました。

岡田さんに会いに行くと、彼はいつも私を周りの人に紹介してくれます。「包帯パンツってあるでしょ？　あれ作ったのがこの人なんですよ」と。私はいつも得意満面でいられました。

そんな岡田さんに学ぶところは、相手を質問攻めすることだと思います。

包帯パンツに関しても「これはどういう仕組みでこうなるんですか？」「なぜこれを開発しようと思ったんですか？」。最近では「なぜ本を出版されるんですか？」(笑)。もちろん、私にだけではありません。岡田さんはいつでも、誰に対してもインタビューアーなのです。

岡田さんは説明の仕方も、聞き方も、両方うまい。いわゆる「おじさんに気に入られるタイプ」です。おじさんという人種は、懇切丁寧にわかりやすく説明してくれる人や、自分という人間に興味を持ってくれる人を好みますから。

今や岡田さんは外商――ＶＩＰ相手に直接出向いて個別に注文を取ったり、商品を販売したりする部門――のトップ。三越のＶＩＰには富裕層のおじさんが多いので、当然と言えば当然かもしれません。

外商の売上は百貨店の売上のかなり多くを占めていると言われています。なかには個人で1度の買い物に1億円使う富裕層や、家を買う（百貨店で、ですよ！）方もいらっしゃるそうです。

いやはや、岡田さん、やっぱりすごい。

新製品はびちゃびちゃのコースターから

今から7～8年前のある夏の暑い日のこと。岡田さんから「野木さん、ちょっといい？」と、アイスコーヒーを飲みに誘われました。カフェ・ベローチェのテーブル席に着くと、岡田さんは「野木さんにお願いがある」と改まって話しはじめたのです。

岡田さん「今まで、どこのメーカーに頼んでも断られた商品があるんです」

野木「なんですか、それ」

岡田さん「ゴムのないパンツですよ」

私はその場ですぐ、「無理やわ」と思いました。ウエストゴムのないパンツなんて、穿いているうちに必ずズレてしまいます。

ところが岡田さん、「でも、どこもできないって言われたら、やれるのは野木さんだけでしょう？」と言い放ちました。

私はがぜんプライドをくすぐられ、燃えました。そこにあったコースターに手を伸ばし、絵を描きはじめました。コースターはびちゃびちゃに濡れていましたが、そんなのお構いなし。えっと、ここをなくして、ここの角度はあれやな。脚の部分をこう切り取って……そうか、もしかしたらいけるかもしれん！

すぐ会社に戻り、普通のゴムあり包帯パンツにハサミを入れました。ゴムをなくして穿いてみて、そのままだとズレるから端っこを束ねてホチキスでとめて、布をたぐって、こっちもホチキスでとめて……ある程度見えたところでそれを脱ぎ、そのまま工場に送って試作品を作ってもらうことにしました。

そこからは何度も何度も試行錯誤。結果、２０１１年9月にようやく発売にこぎつけたのが、「ゴムなし包帯パンツ」です。ゴムがないために締め付けが一切ない、独特の穿き心地。他のパンツでは味わえないこの感覚を求めて、根強いファンがついている商品で、今では大手メーカーがこれを真似た商品を作って大ヒットしているということです。

このゴムなし包帯パンツは、岡田さんの一言がなかったら生まれることはありませんでした。ただ岡田さんがすごいのは「私の提案で生まれた」ということを、ただの一言もおっしゃらないということです。

ゴムなしパンツが売れていることを報告しても、「よかったですね。夏場のベローチェ、思い出します。あの時のコースター残しておけばよかったですね（笑）」なんて言って、微笑むのみ。

今思えば、岡田さんは質問攻めにすることによって、相手との距離を近づけるばかりか、世の中のニーズや発想に対するアンテナもびんびん立てていたのでしょう。だからこそ、ゴムなしパンツというアイデアが出てきたし、絶対にいけるという確信があった。24ページの「知っていても知らないフリがちょうどいい」の項でも述べましたが、いい質問、的を射た質問をするためには、質問者の知識量が必要不可欠。その**知識量はストックとなり、新たな発想や企画の源泉にもなる**ということを、岡田さんは示してくれました。その結晶が、ゴムなし包帯パンツなのです。

EXPAND 04

プレゼンは自分でなく すごい人にしてもらう

すごい人の一言は、自己アピールの
何百倍もの威力！　ほんまにすごい！

「野木はこんな奴」と話してくれるNOBUさん

ちょっと想像してみてください。あなたが座った飲み屋のカウンター席の隣に私がいたとします。そして、私があなたに「私はいい人間で、嘘もつかないし商売も誠実にやるので信用できますよ」と話しかけてきたら、どう思いますか。

「なんやねんこいつ、絶対に信用でけへん……」ですよね。

また、私が突然「包帯パンツというウチで開発した商品があるんですけど、これは最高です！　これに勝る下着はこの世にありませんよ！」と、通販番組のように商品アピールをしはじめたら、どうでしょう。

「まあ……ええ商品かもしれんけど、こんなところで自社商品の宣伝に躍起になって、なんだかなあ。ゆっくり酒飲ませろや」と思いますよね。

……私は思います（笑）。

では、もしこれらを言っているのが私ではなく、あなたが一目置いている人や尊敬している「すごい人」だったら？

「へえ、そうなんや。野木っちゅう奴は信用できるんやな」「包帯パンツ、なんかすごそうやん！」、そんなふうに受け入れられるんじゃないでしょうか。

私で言うと、その「すごい人」とは、ポリドールの石原さんやＮＯＢＵさんにあたります。

石原さんは34ページの「信頼できる人の『フィルター』を通すほどつながりは強くなる」でも説明したように、いろいろな人が集うお店で、私を「こいつはなかなか面白い奴だから気に入ってるんだ」と紹介してくれました。そして、石原さんの〝お墨付き〟を得た私は、そこから人間関係をひろげていけたのです。

ＮＯＢＵさんは、私が「ＮＯＢＵトーキョー」に連れてくるお客さんに対して、たびたび「野木志郎のプレゼン」をしてくれます。

「彼、金儲けが下手くそでね。私はいつか、彼を世界の檜《ひのき》舞台に出してやろうと思ってるんですよ」

「だけど嘘はつかないし、人は裏切らないよ」

「彼は情熱を持ってコツコツやってます。この情熱がね、また熱いんです」

と言ってくださるのです。本当に感謝しかありません。

先日も、女優の永作博美さん（彼女は包帯パンツの大ファンです！）の到着を、私、NOBUさん、スタイリストの安野《やすの》ともこさんと3人で待つ、というシチュエーションがありました。NOBUさんと安野さんはこの日に初対面です。

カウンター席に3人並んでしゃべっていたのですが、NOBUさんは初対面である安野さんにどんな仕事をやっているのかを聞くでも、自己紹介をするでもなく、自分と野木志郎がどういう関係か、そんな野木のことをどう評価しているかを熱弁してくれました。NOBUさんは誰に対してもこういうことをしてくれるのです。

NOBUさんや石原さんのように、私とは比べ物にならないくらいたくさんの人の信用を得ている人が話す内容は、私自身が自己アピールするよりも何百倍も信頼性があります。**もし自分を認めてくれている「すごい人」が周囲にいたら、迷わずプレゼンを代行してもらってください。効果絶大ですよ！**（笑）

でも、ここで一番大切なことは、すごい人と絶対的な信頼関係を構築しておかないと代弁者になってもらえないということです。

その意味でもパート1に書いたヒトとどのようにつながるかは本当に大事です。

包帯パンツの売り文句

「プレゼンは必ずしも自分でやる必要はない」ということは、三越・岡田さんの売り場での口上を聞いていると、身に染《し》みて納得できます。岡田さんが繰り出す包帯パンツのプレゼンは私なんかより数段上。

たとえばこんな具合です。

岡田さん「お客さま、この包帯パンツはすごいパンツなんですけど、良いところと悪いところがあります。良いところは、今まで感じたことのない、まるで何も穿いていないみたいな穿き心地。しかし、残念なところもあるんです。なんだと思いますか？」

お客さま「なんなの？」

岡田さん「実は、この包帯パンツしか穿けなくなるんですよ」

お客さまが、「そんなに言うんだったら試しに1枚買ってみるか」となると、岡田さんはさらに説明を足します。

「お客さま、一枚でよろしいのですか？　お穿きになったら、必ず明日も穿きたくなるので、ここは私を信じてとりあえず2枚お買い求めいただいたほうが間違いなくよろしいかと思います。押し売りではないですよ。でも、おすすめいたします」

見事な口上です。

私にはとてもできません（笑）。

岡田さんはちょっと特殊だとしても、最近は私も、ＮＯＢＵさんや石原さんを真似して、誰かのプレゼンを買って出ることを心がけています。

ＮＯＢＵさんや石原さんのすごさにはまだまだ及びませんが、自分が受け取ったものをこれから世に出てくるべき誰かに返したい。そう思っています。

Column

知ったかぶりはほんとにダメ！

ドラムにハマっている私は、若い頃から音楽は聴くのも演《や》るのも好きです。そんなこともあって、音楽レンタルスタジオを営むSOUND STUDIO NOAH（サウンドスタジオノア）の佐山元章さんと親交がありました。

その佐山さんが2018年の初頭、音楽スタジオをコンテナ形式でパッケージ化して、そのままアメリカに輸出することを思いつきました（なんちゅうこと考えるんや！）。そのために、LAで行われる「NAMM SHOW（ナムショー）」という世界一大きな音楽産業界の展示会に出品することにしたのです。

パンツ屋である私の仕事は、音楽ビジネスとは何も関係がありません。でも、直感でこう思ったのです。

「LAにはNOBUさんの世界進出1号店『MATSUHISA』がある！　もしかしたらなんかあるぞと……」

そこで佐山さんに、

「そないに大きいコンテナ持ってって出展するんやったら、コンテナにパンツ1枚くらい置けるとこあるのとちゃう？　置いて〜」

とお願いしました。

実際、包帯パンツと音楽産業は関係ないのですが（笑）、そこは強引に「ドラマーが長時間演奏しても快適なパンツ」という触れ込みにして「ドラムパンツ」と銘打ち、佐山さんたちの出展チームに同行させてもらいました。

私はさっそく、「NAMM SHOW」の会期中にNOBUさんがLAにいるかどうかを聞きました。するとNOBUさん、「2月1日からなら、いるよ」という返事。「NAMM SHOW」は1月30日まででしたが、私は迷うことなく、モーテルで延泊することに決めました。

いよいよ当日。わざわざ私のために仕事を作って日本からLAに来てくれた「NOBU」のインテリアデザインをされている木田佳仁さんとともに「MATSUHISA」へ。すると、NOBUさんが待っていてくれました。席はもちろん、一番いい場所。いつもは店に顔を出されないNOBUさんの奥様・洋子さんともご一緒でき、楽しくてめちゃめちゃ感動するフルコースをいただきました。なんという贅沢！

食事が終わると、「明日はどこ行くの？」とNOBUさん。翌日は現地で知り合った人とコリアンタウンに行くことにしていたのでその旨を伝えると、NOBUさんは「断って」と一言。「コリアンタウンとここだったら、どっちがいい？」「ここのほうがいいです（笑）」「じゃあ決まり。明日もおいで」。強引すぎます。

翌日、再度「MATSUHISA」に行くと、NOBUさんは「本当に断ってきたんだ。よく来たね！」と、大喜び。またまたフルコースでたっぷりいただきました。

その食事の最中のこと。NOBUさんが店員に呼ばれます。どうもVIPが来ているらしく、挨拶してくるとのこと。しばらくしてNOBUさんが戻ってこられると、私に言うのです。「野木さん、シールって知ってる？」「えっ!? 知ってますよ！（とっさに）」「あっそう、それなら紹介するよ」

そう言ってNOBUさんは席を立ちました。

やってしまったー！ 実は私、シールさんのことをまったく知らなかったんです。

シールさんは、1995年度の第38回グラミー賞で最優秀レコード賞（プロデューサーのトレヴァー・ホーンと共に受賞）、最優秀楽曲賞、最優秀男性ポップ・ボーカル・パフォーマンス賞の3部門を受賞したすごい人。

NOBUさんは私が音楽好きということをご存知だったので、当然知っているだろうと紹介してくださったのですが、その時はまったく存じ上げていませんでした！

やばい！　どうしよう⁉　必死にiPhoneで調べますが、こういう時に限ってなかなか出てこない。すると間もなくNOBUさんは3人の大男を連れてきました。

万事休す、誰が誰だかわからない！

誰に握手を求めていいかわからずキョロキョロしていたら、

「Japanese……」何をおっしゃったかわからないけど、NOBUさんが私のことを紹介してくださいました。

「アカン！　まだ判別できん！　誰？　どれ？　何？」

すると、一番大きな人が大きな手を差し出してきたのです。

「おっ、お～！　ナイスミートユー！」

大きな手と握手をし、（NOBUさんが）一言二言しゃべって、記念撮影をしました。その後NOBUさんが席に戻ってこられ、「野木さん、知らなかったでしょう?」。しっかりと、見透かされていたのでした！

ちなみに、その日はシールさんの他に、女子プロテニス選手のセリーナ・ウィリアムズさんやハリウッド俳優のジェイソン・ステイサムさんも来ていたとのこと。そっちやったら知っとったのに……。

いつも知ったかぶりはアカンと言いながら、ついやってしまった大失態。何かが起こるとはこのことやったんかと……（実はその後の展開がすごかったのですがそれはまた別の機会に）。

EXPAND 05

表舞台には みんなで一緒に立つ

手柄を独り占めにしたらアカン！
皆で分かち合おう！

「匠」に魅了されて

私は「匠」という言葉に限りない憧れとリスペクトを抱いています。そのきっかけになったのが、千趣会時代の上司・西守さんから教えてもらった『匠の時代　先駆的開発者たちの実像』という本です。経済評論家・内橋克人さんの著書で、当時ベストセラーにもなりました。

同書の内容は、後に大発展を遂げる日本のさまざまな産業の黎明《れいめい》期に奮闘した日本の技術者、つまり「匠」たちの話です。それまでは、とんと本など読む習慣がなかった私でしたが、この本にハマり、ものづくりの大変さと素晴らしさに感銘を受けました。それからというもの、千趣会で扱っている商品を製造している工場に行くのがどんどん好きになっていきました。工場には、本に書かれるような著名な人はいなくても、こだわったもの作りをしている人がたくさんいたからです。彼らは間違いなく「匠」でした。

ある時は、陶磁器の波佐見《はさみ》焼で知られる長崎県の波佐見町に行って、作っている課程を全部見せてもらいました。日本の伝統技術のすごさを目の当たりにした私は、とてつもなく感動しました。

ものづくりの現場に行って、発見したことがあります。現場で文字通り手をドロドロにして仕事をしている方にこちらから質問をすると、大抵の方は丁寧に説明してくださるのです。皆さん大変忙しいはずなのに、なぜでしょうか？　それは、聞かれることが嬉しくて仕方ないからです。

彼らは普段脚光を浴びないところで、真面目にコツコツと、黙々ともの作りをしていますから、自分の仕事について聞かれることなどありません。

ただ、彼らは口には出さなくても、仕事に対するものすごい誇りを持っています。だから、ひとたび誰かが自分の仕事に興味を持っていると知ると、すごく喜んでくれるのです。これは、90ページ「〝キラー質問〟で人のこだわりをズバリ聞く」で上田正樹さんが私に包帯パンツの歌を作ってくれた時の話や、95ページの「情熱×情熱はライバルの垣根を越える」でグンゼの工場長が得意げに設備を見せてくれた話にも通じること。

今まで誰も作ったことのない包帯パンツは、繊維・縫製業界の「匠」たちの経験と高い技術力がなければ、絶対に完成しませんでした。だから私は包帯パンツを企画した際、普段は裏方の存在である彼らを表舞台に出そうと思いました。それで作ったのが、包帯パンツ発売当初に制作した「7人の匠」というパンフレットです。

ここには包帯パンツを支える7人、ひとりひとりの名前と顔写真を載せました。ヒントにしたのは映画のエンドロールです。製作に関わった人への感謝の意。私なりの、ものづくりに従事している人への尊敬の念を表したのです。

そのパンフレットは今まで縁の下の力持ち的な存在だった職人さんたちの魂に火をつけました。

ひとりひとり難しい製造をお願いに行く時、そのパンフレットを見せ、「この7人の匠で世界に挑戦したいんです！」とお願いすると、全員の目が輝くのです。

ちなみに、包帯パンツ発売当初のパッケージには、開発に携わった方々全員のフルネームをデザインに落とし込んで印刷していました。知らない人は単なる渦状のデザインと思っていたかもしれませんが、印刷された渦の線を細かく見ていくと、それは小さな文字の連続になっていて、それが実は関わっていただいた方々の名前だったのです。まさに感謝の気持ちを表したデザインでした。発売から12年経って携わっている方々があまりに増えてしまいレイアウト上収まらなくなったので最近シンプルなデザインに変更していますが、いつかどこかで復活したいと思っています。

裏方にも平等に光を当てる

世の中どうしても、斬新な企画やヒット商品が出ると、「それを開発した人」が表舞台に立ち、脚光を浴びます。

一方で、裏方にいる人はなかなか注目されません。だから私は常々、「みんなで一緒に表舞台に立ったらええやん」と思っていました。

たしかに最初の発案者や、プロジェクトのリーダーや上長が表舞台に立つことはあるでしょう。ただ、表舞台に立っている人はそれが当然だと思ってはいけないのです。自分以外にいろいろな人がその開発なり、サービスの実現なりに関わっている。彼らがいなければそのプロジェクトや商品開発は実現できなかったはず。功績はひとりのものではありません。常に、チーム全体の功績なのです。

人とのつながりで大切なのは、人間関係には本質的に上下関係がないということです。同じように、表舞台も裏舞台もない。「みんなでやる以上、みんな一緒やで」と思うわけです。結果的に誰かひとりが脚光を浴びるにしても、本来はみんな一緒に脚光を浴びる権利があったはず。脚光を浴びた人は、それを忘れてはならないのです。

誰かひとりだけで仕事なんかできるわけない。だから、脚光を浴びることになった人が独り占めしたらアカン――。

私はあらゆる場面で、このことを周囲に口を酸っぱくして言い続けてきました。

私は、普段は裏方にいる人にも、ちゃんと均等に光を当ててますし、正当に評価します。ひとつの成功はみんなで平等に分かち合う。関わった人が誰ひとりとして日陰者にならないようにします。それによって彼らのモチベーションも上がります。

そしてもともと素晴らしかった商品はどんどん磨き上げられ、心意気が周囲の人たちにも伝わり、ビジネスがひろがりを見せていくのです。

何かを成し遂げた後、そのビジネスを息長く継続させるには、「裏方にも平等に光を当てる」心がけは必須なのです。

EXPAND 06

くそ真面目なチャレンジが挑戦者という同志を呼ぶ

挑戦者が目の前に現れたら、
手を握って離してはあきまへん！

厳しい制約が取り持つ仲

包帯パンツ発売当初、販売は苦戦しました。

品質には絶対の自信がありましたが、ログインのような零細メーカーが販路を新規に開拓するのは、とても難易度が高かったのです。

そんな時、ユナイテッドアローズの重松理社長（現在は名誉会長）の紹介で伊勢丹への糸口が見つかったのは、私にとって大きな希望の光でした。そこで出会ったのが、伊勢丹研究所の高田喜代彦さんと新宿伊勢丹のバイヤー・上野挙《あぐる》さんです。このお二人には本当にお世話になりました。


新宿伊勢丹ではかなり目立つように取り扱っていただいたのですが、いかんせん包帯パンツ自体に知名度がなく、全然売れない。常設の販売棚もありましたが、大手メーカーのように販売員が売り場に張り付いているわけでもないので、お客さんは誰も見向きもしてくれません。メンズもレディースも、両方ともダメでした。

私は困り果て、上野さんに「このままやったら俺続かへんわ……」と漏らしてしまいました。すると上野さんは、あちこちの雑誌出版社に声をかけてくれました。具体的には、伊勢丹主催でマスコミ関係者に向けたプレス展示会があるので、そこで売り込んでくれたのです。

本来、新製品情報のマスコミに対するリリースは、商品を発売しているメーカーがやることですから、小売店である伊勢丹がやる理由はありません。

……が、当時の私は無知もはなはだしく、そんな仕組みがあることも、どうやってプレスリリースを打てばいいかも、まったく知りませんでした。

ログインとしてメディア戦略というものを何もやっていなかったのです。それを上野さんが伊勢丹でやってくれたというわけです。

思い起こせば上野さんは、私が包帯パンツを持ち込んだ当初から「面白い！　すぐやろう！」と言って、トントン拍子で取り扱いを進めてくれました。それもあって、ある種、自分も開発者の一員と思っていただいていたのかもしれません。

上野さんの尽力のおかげで、包帯パンツは「MEN'S EX」（世界文化社）という雑誌で1ページをまるまる割いて取り上げてもらえました。

そして、記事をきっかけに、いろいろな百貨店のバイヤーから少しずつ問い合わせの電話が入るようになったのです。包帯パンツは後に、同誌が毎年1回選出する「MEN'S EX大賞」で、アンダーウェア部門の大賞を受賞しました。

零細メーカーにとって大手百貨店は、頭が上がらない存在。百貨店のバイヤーのさじ加減ひとつで、商品の取り扱いなんてどうにでもなるからです。しかし上野さんは、包帯パンツがどうしたら世の注目を浴びるかを親身になって考え、尽力してくれました。きっと、包帯パンツに心底惚れ込んでくれたからなのだと思います。

これも包帯パンツが結んだ縁、深めた縁です。

オリンピックパンツに感謝

そんな上野さんとの人間関係がさらに深まったきっかけが、2008年の北京オリンピックでした。上野さんが「伊勢丹オリジナルでオリンピックパンツを作りたい」と言い出したのです。

すでにお話しした通り、私が「包帯パンツを作りたい！」と思ったきっかけは、

2002年のサッカー・ワールドカップ。日本の選手が世界で活躍してほしいという願いからです。そういう意味では、もしオリンピックパンツを日本の選手が穿いてくれれば、そんな嬉しいことはありません。

ただ、「オリンピック」という名称や五輪マークはIOC（国際オリンピック委員会）がしっかり管理しているので、勝手にデザインとして使用することはできません。

そこで私と上野さんは、いろいろな国の国旗がイメージできる〝配色〟だけでオリンピックぽさを表現しようということにしました。日本なら赤と白、ブラジルなら緑と黄、といった具合にです。

ところが、主要国の国旗を配色していくと、どうしても色が偏《かたよ》ってきます。そのうえ、ラインナップの見栄え的にも良くないし、縫製する布も特定色が余ったりと、生産効率が悪い。

そこで私と上野さんは、プライベートメールで「ああでもない、こうでもない」と喧々諤々《けんけんがくがく》の議論を重ねました。

「そんな配色じゃ、どの国か全然わからんよ。それじゃあ意味ない！」

連日夜中までのやり取りを締め切りギリギリまで続け、「これ以上続けたら本当に間に合わん！」というところまで議論し尽くしました。正直、むちゃくちゃしんどかったです。

そうして、苦労の末ようやく発売されたオリンピックパンツでしたが、蓋を開けてみると話題にならない……。トホホです。ただ、それ以上に得たものがありました。それは上野さんとの信頼関係です。

夜中までのやり取りで、私も上野さんも言いたいことをガンガン言い合えました。幾度も衝突しました。

本来、当時の私の立場で百貨店のバイヤーに逆らうことなどあり得ないのですが、いいものを作るため互いに腹を割ったのです。

そのおかげで、以後は上野さんとのコミュニケーションが確実に変化しました。より深くて濃い信頼関係が結べたのです。おそらく、ふたりが同じ「しんどい」思いをしなかったら、こうはならなかったでしょう。しんどさの共有は心強い同志を作り上げる。それがよくわかった一件でした。

包帯パンツを支え、育ててくれた3人の恩人

包帯パンツは開発・制作だけでなく、それを売るにあたっても人に恵まれました。なかでも特にお世話になったのが、3人のバイヤーです。

一番はじめに取り扱いをはじめてくださり、前述のオリンピックパンツを一緒に作った伊勢丹の上野さん、ゴムなしパンツを持ちかけてくれた三越の岡田さん、そしてもうひとり、大丸の岡垣光幸《おかがきみつゆき》さんです。

岡垣さんはとにかく太っ腹な人で、ひとたび「やりましょう」と言ったらどーんと発注してくれる。なかなか売れなくても在庫がたまっても、意に介さず「いいんですよ、これくらいの在庫、売らなければならないのは我々なんで」とおっしゃってくれるような方でした。

この3人は初期の包帯パンツを支え、育ててくれた恩人と言っても過言ではありません。3人とも包帯パンツを売ろうと必死になってくれました。

私はそれに対して真摯《しんし》に向き合い、必死に応えました……というか、他に頼れる先もアテもなかったので、必死になるしかなかったというのが正確なところです。

この3人には共通する要素があります。

それは、3人とも「**挑戦者**」だということです。

私らが身を置いている下着業界は、もともとかなり保守的な業界。素材の開発やイノベーションがないわけではありませんが、新しいものがとても出てきにくい土壌があります。トランクスに代表される布帛《ふはく》（いわゆる織物）と、ブリーフに代表される「丸編み」と呼ばれる編み物の2種類しかありませんでした。

そのたった2種類の編み方と糸のバリエーションだけで、長年にわたって各社が新製品を開発していたのです。

包帯パンツの素材はそれまで下着業界が使ったことのなかった経《た》て編《あ》みの「包帯」。当然、この2種類とはまったく異なる編み方です。つまり包帯パンツは何十年かぶりに下着業界に登場した、新しい風でした。お三方は、ここを面白がってくれたのです。

「包帯？　包帯で下着を作るの？　面白そうじゃない！」

保守的な業界で新しい風に食いつくのは、簡単なことではありません。

私がリスペクトしてやまない「匠」や「ものづくり」の世界も、古い伝統や保守性に支えられています。そこには長年にわたって継承された技術があり、経験に基づく豊かな知恵があります。

時の試練に耐え、余計なものを削ぎ落とし、研ぎ澄まされてゆく。だからこそ、新しいものを導入するのは、とてつもないエネルギーと勇気が要るのです。

挑戦者を同志に持つ

私は包帯パンツには絶対の自信がありましたが、もしバイヤーさんたちが「そんな海の物とも山の物ともつかない新しいもの、うちで扱うにはリスク高いからやめとくよ」と言っていたら、包帯パンツはここまでひろがっていなかったでしょう。

それでなくても、伊勢丹も、三越も、大丸も、超老舗のデパートです。古くからの業者との付き合いや売り場の慣習など、新しいものを取り入れチャレンジするのが大変だというのは、想像に難《かた》くありません。

しかし3人ともリスクを恐れず、挑戦してくれました。海の物とも山の物ともつかない包帯パンツに、腹をくくってくれました。
そんな挑戦者と巡り会えたことで、包帯パンツのビジネスは大きく拡大したのです。
感謝しかありません。

この3人のような挑戦者というのは稀有《けう》な存在ですから、そうそう自分の人生に現れるものではないでしょう。でも、もしひとたび目の前に現れたら、握手した手を絶対に離さないでください。そして、彼らの期待に応えるべく全力を尽くしましょう。そうすれば、ビジネスは限りなくひろがっていきます。

時には、自分が挑戦者になることもあるでしょう。その時は、自分の業界や組織が保守的だからという言い訳などせず、信頼のおける相手と手を取って存分にチャレンジしていくべきです。

私はこのことを、素晴らしい3人のバイヤーに学んだのでした。

EXPAND 07

名刺を持つよりネタを持て

ネタ――、それは自分が何もしなくても独り歩きをはじめてしまうほど強烈なエピソードである

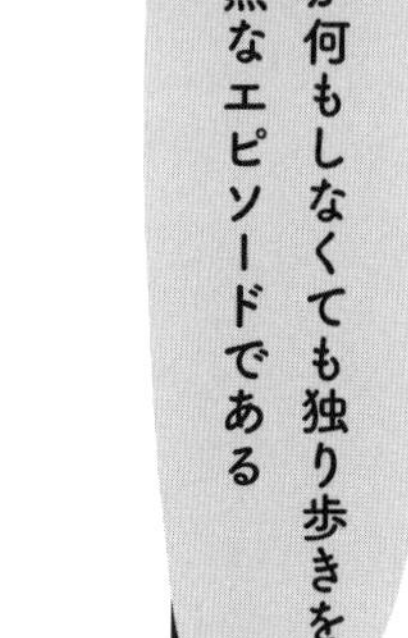

他人に序章を語ってもらう

実はバイヤーの岡田さんほどではないにせよ、私の代わりに包帯パンツのことを語ってくれる〝語り部〟が、私の周りにはたくさんいます。もちろん、私から語り部になってくださいと頼んだわけではありません。

2007年11月に包帯パンツを発売してから10年以上、私はその間、いろいろな人に包帯パンツを勧め、包帯パンツが生み出されるまでの苦労話やストーリーを語ってきました。それを聞き、包帯パンツを気に入ってくれた人たちの一部が、進んで語り部になってくれているのです。

ただ、語り部たちは包帯パンツを一から十まで解説するわけではありません。彼らが語ってくれるのは、壮大な包帯パンツ物語の〝序章〟です。

「1回穿いたらやみつきになるよ」

「すごい技術で作っているらしいよ」

「ロバート・デ・ニーロも穿いているらしいよ」

それを聞いた人たちはがぜん興味が湧き、今度は直接私に聞いてきます。

「なんで包帯にしたんですか？」

「どうやって開発したんですか？」

「そんな有名人と、どうしてつながったんですか？」

私が動かなくても、私の知らないところで、誰かが「包帯パンツ物語」の序章を語ってくれる。続きが気になる人は、さらに包帯パンツのことを知りたくなる。そんな好循環が、うれしいことにできています。

これは他人に語ってもらうから効果があるのです。もし私が、誰にも聞かれていないのに「包帯パンツ物語」を突然語りだしても、ただの自慢話に聞こえてしまう可能性が高い。１４１ページの「プレゼンは自分でなくすごい人にしてもらう」と同じく、自分以外の人に語ってもらうのが大事なのです。

5年続けて「尖る」べし

ビジネスの世界ではよく「名刺代わりになるようなものを持て」と言われます。その人のことを強烈に印象づける、それ自体が独り歩きするような実績やエピソードのことですが、私に言わせれば、それは名刺というより「ネタ」。包帯パンツというコンテンツは、私にとって大きな「ネタ」であり、「ネタ」の完成度が高いほど、その〝序章〟は当事者のいないところで独り歩きしていくものです。

「『いとしのエリー』って曲知ってる？」

「あー、知ってる知ってる」

という会話がいざはじまれば、（当たり前ですが）サザン・オールスターズに面識のない人や、そもそもサザン・オールスターズのことをよく知らない人も盛り上がれる。

「独り歩きしてくれるもの＝『いとしのエリー』というヒット曲（コンテンツ）」をいかに作り上げていくか。それはビジネスをひろげるうえで、とても大切なことです。

私が幸せだったのは、包帯パンツという唯一無二の強力なコンテンツを持つことができ、そこに独り歩きするに足るネタがいっぱいあったことでしょう。

読者の皆さんの中には「俺は普通のサラリーマンだから、独り歩きさせるほどのネタなんか持ってないよ」という方もいらっしゃるかもしれません。

でも、ネタはいくらでもあります。

ちょっと興味があること、仕事とはまったく関係のないことで、ちょっとだけ得意なことを、まずは5年続けてみてください。

たとえば私はドラムが好きで、毎日自宅や会社でパッドを叩いていますし、土日はスタジオで最低でも4時間は叩きます。これを5年ほど続けたら、プロの方とセッションしても恥ずかしくないくらいまでにはなりました。

ドラムは仕事に直結するわけでもなく、世間的にポピュラーな趣味とも言えませんが、ネタとしては「いい仕事」をしてくれることがあります。

「えっ？　野木さん、ドラムが叩けるの？（このハゲ親父がドラム？）」

この意外性がネタなんです。

本当にネタはなんでもいいんです。小さくても、マイナーでも、狭くても、尖《とが》ったものを持っていることが個性です。

サラリーマンだろうが何だろうが、今いる場所で尖れます。与えられたものではなく、自分で何かを選び、尖る。それが名刺とは比べ物にならない役に立つ「ネタ」になるのです。

誰しも、今すぐ有力なコンテンツを持つことはできません。私だって、包帯パンツを思いついてから発売まで5年以上、発売から今まで10年。毎日包帯パンツのことばかり考え続けた結果、他のパンツとはまったく違う、確固たるポジションを持つパンツになったと思っています。

不断の努力と継続によって持ちネタは研ぎ澄まされ、ちょっとやそっとでは色あせないものになっていく、私はそう信じています。

EXPAND 08

儲けようとするのではなく、お客さんが一番喜ぶことをする

お客さんを喜ばすのに
唯一の答えなんてありませんっ!

儲けよりも笑顔

ＮＯＢＵさんのもとにはいつもたくさんの人が集まり、「ＮＯＢＵ」で食事する人は誰もが幸せそう。ＮＯＢＵさんの料理の腕前が素晴らしいのは当然だとして、なぜここまで成功できたのでしょうか。

私の解釈で言うなら、ＮＯＢＵさんは「自分が儲けようという気持ちよりも、お客様の笑顔が第一だ」と確信されているからだと思います。

もちろん、人を雇い、ビジネスを維持していくための利益はちゃんと確保します。そのうえで、食材にはものすごくこだわる。お客さんが喜ぶためなら、いい食材は高くても買う。ケチらない。儲けようと思ったら少しだけ劣る安価な食材を仕入れたほうがいいのですが、ＮＯＢＵさんはそれを絶対にしないのだと思います。

何をおいてもお客さんの笑顔が大前提ですから、「ＮＯＢＵ」にはドレスコードがありません。食事の満足度を上げることと、何を着て食べるかは関係ないからです。とにかく最高の素材を、最高の料理法で提供する。それが「ＮＯＢＵ」の、そしてＮＯＢＵさんの信条。当のＮＯＢＵさんも、いつもデニムにスニーカーです。

NOBUさんは私にいつも言います。

「真面目なモノづくりさえやっていたら、それを認めてくれる人が必ず現れる」。

NOBUさんはそれを実践してきました。これは私の座右の銘である「至誠にして動かざる者は、未だ之れ有らざるなり」にも通じること。

最近は私も、NOBUさんのさまざまな言葉が口癖になってきました。弊社ログインの経営方針のひとつめも、「儲け主義を廃し、あくまで商品内容の充実に重点を置き、いたずらに売上拡大を追わない」。それを行動に落とし込むと、「お客さんが一番喜ぶことをする」になるのだと思います。

我々はアーティストではない

ただ、お客さんが一番喜ぶものが何なのかというのは、それほど簡単なことではありません。なぜなら、極限まで品質を上げていけばお客さんは喜んでくれるでしょうが、その分価格も跳ね上がってしまうからです。逆に極限まで価格を下げれば買い求めやすくはなりますが、品質を落とさざるを得ません。

価格と品質の適正ポイントは一体どこなのか。それは、どんなカテゴリの商品なのか、世の中の景気や社会の風潮がどうなっているかにも関わってくるので、いつの時代にも通じるような、たったひとつの正解はないと思います。

たとえば、比較的短期間で大量に使い捨てするような消費財（トイレットペーパーやOA用紙など）ならば、多くの人は多少質が悪くても安いものを求めるでしょう。

逆に、ごくたまにしか買わないもの（車や家）、自分の健康や体調に影響するもの（食品・薬など）、自分の外見的評価に直結するもの（化粧品・服・宝飾品など）は、価格だけでなく質も重視する人が多いのではないでしょうか。

では、下着である包帯パンツはどうでしょう。外からは見えないですし、何枚も揃えて穿き潰すという意味では、消費財的な側面もあります。一方で、体のデリケートな場所に直接触れたり、アスリートのパフォーマンスに影響したりという点では、質も重視しなければなりません。

実際、素材もそうですが縫製の手間もかかっているので、包帯パンツは普通の下着よりも高価です。発売から10余年、高くても仕方ないと言われてきましたし、自分自身もそう思ってきました。

ですが最近、少し立ち止まって考えるようになったのです。「お客さんが本当に求めていることって、なんだろう？」と。

包帯パンツは、今もなお改良を重ね、最高の品質を追求しています。が、もしお客さんが、「そこまで最高の品質ではなくてもいいから、もう少し手頃な値段であってほしい」と願っているなら、その方向も追求すべきではないか。そう考えるようになったのです。

包帯パンツの製造プロセスにおいては、私が発売当初からずっとこだわっているポイントがいくつもあり、それがコストアップにつながっていることは、否定できません。でも「ほんまにこのコストかけてええんか？」「過剰品質ちゃうか？」という自問自答を今、繰り返しています。

果たして、手間のかかるこの縫い方のままでいいのか。もっと効率的な縫い方はないのか。それを何十項目もリストアップして、検証する。どうしても守らなアカン、譲ることはできんという点は確かにありますが、果たしてそれが「お客さんが求めているクオリティ」なのかどうかは、もう一回考える必要があるのではないか、と。

人様に使ってもらって、喜んでもらって、はじめて商品は人のためになります。日本製のこだわりのことを〝匠の技〟と称する場面はよく見受けられますし、私も〝匠〟という言葉には畏敬の念を抱いています。

ただ、私たちはアーティストやない。美術館に並べるものを作ってるわけやない。そこを間違えたら、アカン。

「いいものを作る」とは誰でも口にしますし、とても大事なことですが、いいものってなんでしょうか?

高品質?

今まで誰も作ったことのないもの?

世界初?

私が考える**「いいもの」とは、その人の生活を変えるくらいのインパクトを与えられるもの**です。

パンツに求める価値を遙かに超える価値、予定調和を遙かに超える価値を提案できればなあと思っています。

たとえば、

・穿いているだけで精神が安定するパンツ
・身につけているだけで肌の細胞組織が活性化して若返る肌着
・寝る時に身につけると爆睡できるパジャマ
・痴呆症の高齢者に位置情報が発信できるパンツ

などなど……すんません、こういうの考え出すと止まらないのでやめておきます。

まぁパンツ屋ができることと言えば、こんなことくらいですが、それでも夢を追って世界の誰もが身につけて良かったと思える商品を作っていきたいと思っています。

EXPAND 09

一歩を踏み出す トレーニングなしに いいチャレンジはできない

トレーニングしていないと動けません。
運動の話ちゃうよ！

肉体を温存するクセをつけない

偉そうにここまでいろいろと書いてきていますが、私のビジネスは基本的に失敗の連続で、その中でほんのわずかに突き抜けたものがあった、というのが包帯パンツの歩み。……と言っても過言ではありません。でも、この失敗があるから、考え、また次の成功を夢見て努力することになるんです。

2008年に伊勢丹の上野さんと作ったオリンピックパンツの話はすでにしましたが、他にも、成功とは到底言えないプロジェクトは数え切れません。

たとえば、2010年にはフランス、イタリア、スイスのセレクトショップ18店舗で包帯パンツを発売しましたが、それを足がかりに海外展開できたか……。結果はまったく追加のオーダーがこなくて、思うようにはいきませんでした。

その他にも、功を奏さなかったコラボレーションや新商品は数知れずあります。ただ、私はこれらについてはひとつも後悔していません。

なぜなら、経営者としてではなく、人間として「踏み出す」ことを習慣化していないと、そのうちなんにもチャレンジできなくなるからです。

アスリートが「疲れるから」という理由で毎日トレーニングを怠っていれば、いざ本番で体が動きません。常日頃から、動かすべき筋肉を動かすクセをつけておかないと、本番で足がすくむか、もしくは大怪我するのが関の山でしょう。

「チャレンジ精神がなくなったら終わり」「守りに入ったら終わり」とよく言われるのは、とにかく攻めればいいということではなく、**「踏み出す」こと自体をトレーニングしておけ**、ということではないでしょうか。つまり、肉体を温存するクセをつけないように、という意味なのだと思います。

100回負けても、2、3回勝てばいい

包帯パンツをヨーロッパのセレクトショップで突然売り出したところで、継続的な物流をどう構築するのかがネックになることはわかっていました。ただ、頭でわかっていても現地に行ってみないと、実際の問題は肌で感じることができません。

でも、包帯パンツがヨーロッパに渡ったり、マドンナの後ろで甲冑パンツがダンス

していたら……？

というように、**ちょっとでも心が動くのであれば、やる価値はあると私は思います。「心が奮える」ことをやりながら「一歩を踏み出す」筋肉が鍛えられるなら、一石二鳥だと。**

ビジネスセンスのある経営者の方であれば、もっと勝率の高いビジネスができるのでしょうが、私は基本的に「心が奮える」ことがないと、全然前に進めない人間なので、良くも悪くもビジネスライクにはなりきれません（ビジネスライクが悪い、ということではもちろんないですよ）。

つくづく私は、時代と逆行する「プロダクト・アウト」型のものづくりをしてしまう人間です。オモロいもんを作って、作った後に市場に出してニーズを問う。

もちろん、勝率を高めたければ、「マーケット・イン」が鉄則です。市場が求めているものを察知し、把握し、分析して、商品開発をしなければなりません。当然、包帯パンツにも「マーケット・イン」的な商品はあります。ただ、それはお願いされたから作ったのであって、自らマーケットがあるかないかを考えて作ったわけではありません。

これはあくまで私のビジネス観ですが**「成功の確率何%以上なら、やる」ということに縛られすぎると、ずっとチャレンジしないことになってしまいます。**お金と時間をかけて新商品を開発するより、定番商品を売り続けるほうが利益率は安定するからです。

それに、新商品を発売するということは、既存品の在庫を新商品に置き換えていかなければならないことを意味します。要は、自分のところの商品同士で自分の首を絞めているのです。

しかし、それでもやっぱり、私は新商品を出していきたい。踏み出すことで挑戦する筋肉を鍛え続けていたい。そして何より、オモロいことをしたい！　そう心から思っています。

EXPAND 10

完璧よりツッコミどころのあるチャレンジがいい

クスッと笑えるぐらいが応援してもらいやすいんです

愛のあるツッコミ待ちのボケ

オモロそうなことにはどんどんチャレンジする私ですが、特に大きなチャレンジをする時に心がけていることがあります。

それは、**チャレンジしている自分を見た周りの人が、クスッと笑えるようなチャレンジにする**ということです。言い換えるなら「ツッコミしろのある挑戦」。

今までにお話ししたエピソードで言えば、こんな感じです。

「オリンピックだからパンツって、なんやそれ！」
「ゴムのないパンツなんて、ずり落ちてまうやんけ！」
「日本橋三越みたいな超老舗のホールでやるイベントがパンツ？」

もちろん私自身は全身全霊をささげて取り組んでいますが、どこか馬鹿げているというか、どこか抜けているというか。それを聞いた人が「えー、お前アホちゃうか」と言いたくなるような挑戦をしてしまうんです。

真面目に投資や挑戦をして、なんの余裕も笑顔もなくひたすらシリアスに取り組んでいたら、見ている側も肩に力が入って疲れてしまいます。そして、もしその挑戦が失敗した場合、周囲の人は私にかける言葉もありません。いたたまれなくて、目も当てられないでしょう。

その点「クスッと笑える挑戦」なら、「またアホな挑戦しとるんやなぁ、まぁ頑張りや〜」と気軽に声をかけてくれて、応援しやすくなります。結果として、私は楽しく挑戦ができるし、失敗しても「失敗してもうた！」と笑っていられるのです（実際は泣くことが多いのですが）。

さらに、この**「アホな挑戦しとる」というのが話のネタにもなってクチコミでひろがっていくことにもなるし、また自分の名刺代わりにもなるし、さらには自分自身のやる気に火をつける**ことにもなります。

儲かってたら、人は集まってない

私はオモロいことに対する嗅覚はあると自負していますが、経営者としてビジネスセンスがあるかと問われれば、甚《はなは》だ自信がありません。

マドンナのワールドツアーで甲冑パンツが採用されたこと（後述）にしても、なんだかもっとPRのやりようがあったのかもしれません。

ただ、こうも思います。

もしログインがぼろ儲けしていたら、きっと私の周りには、これほどの人は集まっていなかったでしょう。

「アイツまた失敗しとるで」

「まーだ、あんな小さい会社でやっとる、成長してないなぁ」

「本当に経営のセンスない奴やなあ」

なんて言いつつ、皆、きっとこう思ってくれるからです。

「じゃあ、仕方ない。俺がちょっと助けてやるか。野木を」

私の代わりにすごい人がプレゼンしてくれるのも、語り部が包帯パンツ物語の〝序章〟を語ってくれるのも、私が儲け下手だからなのかもしれません。

「包帯パンツなんちゅう、世界で勝負できるような、えらくオモロいもん持っとるわりに、野木は売り込みが下手やなあ。代わりに俺が説明したる！」

というわけです。

『筋肉番付』の的あてゲーム「ストラックアウト」の名付け親としても知られる放送作家・プロデューサーの伊藤滋之さん（株式会社タイズブリックの社長）もそのひとり。「野木さんはもっと世に出て行ったほうがいい！」と言い、私を「パンツ博士」に仕立てて「どうやらオトコのパンツ学」というサイト（http://pants.ties-a.com/pc/）まで作ってくれましたし、いろんなテレビ番組に推薦してくださいました。

本当に感謝しかありません。

Column

大失敗の包帯企画

私のこれまでを振り返るとほんとに失敗ばかりです。包帯（パンツ）でも、いくつもの失敗をしてきました。ここで失敗企画をいくつか挙げると……、

・お祭りの半纏《はんてん》のデザインをパンツにした「半纏パンツ」
・忍者のように真っ黒で手裏剣のデザインをあしらった「忍者パンツ」
・尿漏れ対策パンツ「Chorotto（ちょろっと）」
・両サイド開きのパンツ「ガルウィング」
・歌舞伎のデザインを施した「歌舞伎パンツ」（松竹と最終契約段階まできた時に大手アパレルが横入りしてきて大金でかっさらっていきました）
・ズボンを脱いだらビックリ蛍光パンツ
・寝るためのウエア「ごろっと」
・三回振り回せば乾くパンツ
・誰でも超人ハルクシャツ（破りやすいシャツ）

などなど、商品化寸前のものもあれば、企画段階で「なんでやねん」とツッコミが入りボツになったものもあります。もし、皆さんの中に「コレいいね」と思って、真似たいと思う方がいらっしゃれば、いくらでも真似てもらって結構です！　ヒットするかどうかは保証しませんが……。

この他にも、実は大相撲のパンツを作りたいと思ったことがあります。

それは、ある方の紹介で横綱・白鵬関と会った時の話。横綱には両国にある中華料理店の個室ではじめて会いました。横綱は会うなり、私が持って行っていたＬＬサイズの包帯パンツを穿いてくださったのです。

「いいですね〜！　これ!!」

あの大横綱がいきなりですよ。いきなり。めちゃめちゃうれしかったです。で、食事を終えていろいろと話をしていると、横綱から光栄なことに「ぜひ一度部屋の朝稽古に来てください」と言われ、後日宮城野部屋にお伺いすることにしました。

朝稽古に間に合うように部屋に伺い、緊張しながら迫力の稽古をたっぷり楽しませていただきました。その朝稽古を終え、ファンのために何百枚もの色紙に手形を押すお手伝いをして、時間はお昼ちょっと前。横綱が「ちゃんこ食っていってくださいよ」と、2階にある食堂に案内してくれました。なんという気遣いでしょう。私はとても感激しました。

「今日は塩ちゃんこです」と横綱。一緒にちゃんこをいただき、お腹いっぱいになった頃、横綱が今度は「パンツ作ってくださいよ」と言うではないですか！

「マジですかー！　はやっ！」

さっそく、女将さんも交え、どうやって、どういうモノを作ろうかという話になり、その場でいろいろと打ち合わせがはじまってしまいました。

私は横綱の手形と69代横綱の69という数字を中心にデザインを考えますということにして、その場で色紙に何枚も69という数字を書いてもらいました。

その後、何度か打ち合わせをして、デザインを起こし、サンプルを作り、順調に進行していました。ところが、いよいよ商品化する段になって、大相撲協会に打診をしたところ、当時の理事長が、「横綱を尻に敷くとはどういうことか！」と大激怒。急いで謝りに行き、商品化を断念しました（横綱すんませんっ！）。

EXPAND 11

相手の心をつかむのは「モノ」＋「モノ語り」

モノだけでなく、「モノ語り」込みのほうが相手の心に響く！

ドキュメンタリー番組で足をつる

私は、東山紀之さんが語りを務めるTBSのドキュメンタリー番組『バース・デイ』（2015年10月31日放送分）に取り上げてもらったことがあります。この番組のプロデューサーに話を持ちかけてくれたのが先にも紹介した伊藤滋之さんでした。

すでに2015年時点で包帯パンツは発売して8年も経っているので、鮮度がない。番組の構成は私が新しく包帯で作った靴下の開発にチャレンジする、ということになり、半年間の密着取材で、ウルトラマラソンに参加する30人のランナーに新開発の靴下を穿いてもらってその感想を聞く、などの画が撮られました。


そのクライマックスとしてディレクター氏から指示されたのは、「野木自身が新開発の靴下を穿いて走り、その効果を試す」というものでした。

え？　ランナーじゃなくて私が走るの？

私が走るそのマラソンの大会は「チーム8人で、規定のコースを6時間で何周走れるか」を競うものだったのですが、とにかくきっつい。なのでディレクター氏に「1

周でも……いい？」と聞くと「いいです」という答え。まあ、それくらいならと思って走り終えると、ディレクター氏が一言。「野木さん、苦しそうじゃないんで、もう1周走ってください」「えーーー！」

しぶしぶもう1周走ると、「ごめんなさい、もっと辛そうなところを撮りたいので、思いっ切り走ってください。もう1周」。そんなことを繰り返してたら、最後、本当に足がつってしまい、苦悶の表情でゴール。するとディレクター氏「ＯＫです」。

……こいつら、はじめから狙ってたな～、どついたろかっ！　なんて思ったりして（笑）。

たしかに視聴者の目線に立ってみれば、靴下がただひたすら紹介されるよりも、私の苦しそうな顔とともに少しずつ完成に向かっていく「モノ語り」込みのほうが、ずっと記憶に残るでしょう。

伊藤さんが私という人間、そして包帯パンツを作った会社を、「モノ語り」込みで見せようと番組に持ちかけたのは、ど真ん中ストライク、大正解だったわけです。

名刺そのものには「モノ語り」がない

伝わりにくいモノも、「モノ語り」がついていたらちゃんと伝わります。

「包帯パンツ」という商品名を耳にするだけでは多くの人にスルーされるかもしれませんが、「デ・ニーロが穿いた」「マドンナのワールドツアーで使われた」「ビリー・ジョエルも穿いた」といったエピソードがついているだけで、「なんやそれ」という反応を引き出せる。興味が湧いて詳しく聞きたくなり、それをまた人に話して伝えたくなるのです。

「なんや知らんけど、デ・ニーロが穿いたパンツは、包帯でできとるらしいで！」

「モノ語り」なしのモノは、特に会話のない名刺交換のようなものです。毎日大量に名刺交換するビジネスマンは、相手を覚えるのも、相手に覚えてもらうのも、至難の業。大抵は記憶の底に埋もれてしまい、誰と挨拶したかなんて、大半を忘れてしまいます。

あなたの周りで印象の強い人を思い出してみてください。きっと、名刺の肩書以外に記憶に残るエピソードがセットになっているはずです。

そう、**初対面の相手に自分を覚えてもらうには、エピソードトークやキャッチフレーズじみたネタを、名刺交換とワンセットで一緒に話すことで忘れられる存在から、覚えてもらえる存在になる**んです。

エピソードはなんでもいいのです。笑ってもらえるトホホな失敗談でも、自分の名前の由来でも、めちゃくちゃ感動したことでも。誰しも自分の人となりを表すエピソード、すなわち「モノ語り」は持っているはず。

これは料理と同じで、いくら素材が素晴らしくても、それだけでは人は口に入れようとはしません。食べやすくなるよう調理して、美しく盛り付け、美味しそうな匂いを発する――そういう工夫を凝らして、はじめて人は箸をのばすのです。

素材＝モノ、調理の工夫＝「モノ語り」。モノでも自分でも、たくさんの人の記憶に刻みたい、伝えたいなら、「モノ語り」もワンセットで。これ、鉄則でっせ〜。

EXPAND 12

30個の「やらへん理由」よりもたったひとつの「魂を燃やせること」

やらへん理由を考えた時点で
全部がオモロなくなります！

「やらなアカン」という使命感

私の周りの「熱い」奴らにはいくつかの共通要素があります。それは、109ページでも述べた「利他の精神」を持っているということ。奴らは「与えるばっかり」なのです。

たとえば、うちのデザインもお願いしているデザイナーの小野崎稔巳《としみ》さん。彼は世界一流ブランドの仕事を手がけるほど実力のある人ですが、なぜか自分からギャラのことを言わないのです（笑）。こちらから言い出すと、「忘れてたっす」なんて言いながら、笑っている。やりたい仕事をやれている環境に、満足しているので、私の小さい仕事なんかはあまり仕事として考えず、趣味程度に考えて楽しんでくれているのかもしれません。

小野崎さんから紹介された、トレーナーの飯田純一郎さんも、そんな人です。彼は日本ハンドボール協会から依頼を受けた日本代表チームのトレーナー。その一方、ご自分でも治療院を経営していますが、日本代表の選手団に帯同して世界各国を回るので、治療院の患者さんの治療ができなくて頭を悩ませているそうです。

飯田さんは、他にもいくつかの実業団の野球部で、トレーナーを引き受けています。求められたら「よっしゃ、行ったるわい！」と二つ返事だそう。

なぜ、そこまでして仕事を引き受けるのか？　それは**「やらなアカン」という使命感**なのだと思います。

今のトレーナーより俺がやったほうがいい、選手たちにいい環境でプレーさせたい。だから、俺がやるしかないんだ！——そういう使命感です。

やらへん理由を上回るものとは

小野崎さん、飯田さん、私の3人で飲みに行くと、それぞれが夢を語り出し、話が止まりません。

私らは、「△△のためやったら、なんでもやったる」というようなマインドで生きています。この「△△」はなんでもいい。オリンピックでも、特定の人でも。とにかく、**たったひとつの魂を燃やせることさえあれば、頑張れます**。

私で言えば、それは2002年のサッカー・ワールドカップで湧き上がった感情です。日本の選手たちが世界で活躍する助けになるような下着を作りたい！　そのためになるなら……と、失敗も多いですが、たくさんのことにチャレンジしてきました。

ただ当たり前のことですが、小野崎さんも飯田さんも私も、ビジネスをしていくうえでは条件が悪かったり、手間がかかりそうだったり、時間がなかったりと、「やらへん理由」に直面するのは日常茶飯事です。

だけど、**「やらへん理由」が仮に20個、30個あったとしても、それを上回るほどやりたいと思える何かがあるのだったら、やる。**ネガティブな要因を全部押しのけられるほどやりたい理由がたったひとつでもあれば、やっちゃう。それが私たちの判断基準なのです。

とまあ、カッコつけていますが、私の場合は頭が悪くて「やらへん理由」を冷静に検討できないだけなのかもしれません。ただ、それもまた善《よ》し。だって、「これをやったら、稼働時間に対していくらもらえるのか」「これを引き受けたら、今の仕事にどれだけ影響を及ぼすのか」なんて細かいことを考え出したら、新しいことなんて何もできません。**合理的な考えは時に、挑戦の妨げになるのです。**

「これ、オモロくない？　でしょう？　それ絶対オモロいからやろ！」

そんな考えなしの勢いが、新しい人間関係をもたらし、仕事を切り開くのです。思えば、今までの自分はずっとそうでした。

ちなみに、小野崎さんも飯田さんも、どちらかと言うと社交性のあるタイプではありません。にもかかわらず、恐ろしく広大な人脈をお持ちです。

なぜなら、彼らはすごく実力があるので、営業トークで自分を飾ったり、自分を繕《つくろ》って自己アピールすることで人を引き寄せる必要がまったくないから。持っている才能が光りまくっているから、不特定多数の人にいちいち見せびらかす必要がない。懐にしまっていても燦々《さんさん》と輝く光が透けて見える。ほっといても輝いてしまうのです。

そんなふたりに、これからも刺激を受け続けていきたいなと思います。

EXPAND 13

迷ったら、やるっ！

リスクがデカくても、金にならんでも、
心が震えるなら迷わずやれっ！

東郷神社で甲冑パンツの発表会

今現在ログインが存続しているか、していないかの岐路、ターニングポイントとなった出来事が約10年前にありました。２００８年11月6日、原宿の東郷神社で行った展示会「包帯の陣」です。私はここで、すでにこの本の中で何度か登場している甲冑パンツを大々的に発表しました。

甲冑パンツとは包帯パンツの一種で、表面にさまざまな武将の甲冑をイメージした絵柄がプリントされている商品です。

なぜ甲冑なのかと言えば、２００２年のサッカー・ワールドカップで感動した私が、「日本代表選手たちには〝大和魂〟をまとってもらいたい」という気持ちをずっと持っていたからです。

アイデア自体は２００５年頃にはありました。渋谷の書店で甲冑の本を見つけてラフスケッチを描いたのです。ただ、甲冑の絵を生地にプリントする技術のハードルが高く、ほぼ諦めた状態で長らく放置していました。

2007年創業当初のログインは、業績的にはかなりやばい状況でした。包帯パンツは2007年の11月にユナイテッドアローズで新発売、2008年の1月には伊勢丹でも発売を開始しましたが、ユナイテッドアローズには初回900枚のオーダーをもらったのみ。伊勢丹では1週間で5枚程度の販売実績。当時私を含めて社員は3人いましたが、とてもやっていける状況ではありませんでした。一番苦しい時期だったと言っていいでしょう。

その時、私はふと、2006年の大晦日のことを思い出しました。皆さん覚えているでしょうか？　紅白歌合戦に出場したDJ・OZMAのバックダンサー（女性）たちが全裸に見間違えるボディスーツを身にまとい、DJ・OZMA自身も破廉恥なパンツ姿になって話題（問題）になったことを。

それを機に、裏原宿で冗談みたいな柄のプリントパンツがばんばん売られるようになっていたのです。私はそれを見て、無性にムカついていました（笑）。

「俺やったらそんなパンツやなくて、武将のパンツや！」と。

そこで引っ張り出してきたのが、かつてスケッチしたままで放っておいた、甲冑パンツです。

さっそくデザイナーにスケッチを渡したところ、「イケるんじゃないですか?」と。課題は一度断念しかけてた包帯素材へのシルクスクリーン印刷。包帯は通気性が高いメッシュ調。普通にプリントすると裏まで抜けてしまう。この技術の改良に本当に時間がかかりました。まずプリントできる工場がない。あっちこっちに問い合わせをして工場見学に行き、交渉しました。

そんなある日、岐阜に在住の「シルクスクリーンの仙人」と呼ばれている方（マンガのような話ですが、本当です）にたどり着いたのです。そしてテスト印刷をしてみたら大成功!!

こうして甲冑パンツは完成しました。


では、この魂のこもった商品をどうやって世に出すか? それで思いついたのが、東郷神社です。きっかけは、ユナイテッドアローズの重松社長（当事）に会いに行った帰り道。原宿を歩いていて東郷神社の前を通りかかった時、ふと思ったのです。

「あ、ここでやろう」

深い考えはありません。和風のデザインだから、神社。その程度です。さすが「今こうしたいと思った直感は、絶対に実を結ぶ」（72ページ参照）を信条とする私です（笑）。

さっそく、イメージを膨らまし展示会風景のイラストを描き、東郷神社にプレゼンに行きました。

しかし、当初先方の総務部長さんは困り顔。「ファッション関係の企画は通った試しがないんです、山本寛斎《かんさい》さんの企画ですらお断りしているので、99・99％無理です」。しかし私の熱意が通じたのか、総務部長さんがカラーで作った企画書をあえて白黒コピーにすることで「ド派手な下着の企画」のイメージを地味に仕立て、検討の俎上《そじょう》に載せてくれました。

すると、なんとその日の夕方に「企画が通りました。宮司が面白い、やってみなさいと言っています」との連絡が！　もしかすると軍人だった東郷平八郎元帥を祀《まつ》っているだけに、「甲冑」と相性が良かったのかもしれません。総務部長さんの機転にも感謝です！

そこから半年の間、私は必死に準備しました。たくさんのデザインパターンを用意してアイテム数を揃え、『七人の侍』風の発表会用の曲をこのためだけに作曲してもらい、凝った照明を手配し、林田ひろゆきさんに当日の和太鼓パフォーマンスもお願いしました。当然、お金はめちゃくちゃかかります。

実は私はログインの創業資金として、銀行から借りられるだけのお金をめいっぱい借りていたのですが、そのなけなしのお金の大半を突っ込んでしまいました。創業資金をド派手なイベントにつぎ込むなんて、正気の沙汰ではありません。博打《ばくち》もいいところ。でも、私はどうしてもやりたかった。やるべきだと思ったのです。

結果から言うと、展示会は大成功でした。展示会中にたまたま通りかかったWEBニュースサイトの記者の方が興味を持ち、10ページくらいの記事にしてくれて、それがきっかけとなり、『笑っていいとも!』や『はなまるマーケット』などのTV番組からも取材依頼がきました。

甲冑パンツは8800円もする高価な商品ですが、発売後1年間で1万6000枚くらい売れました。それで会社はなんとか息を吹き返したのです。

マドンナのバックダンサーが甲冑パンツを！

いちかばちかで世に出した甲冑パンツは、時を経て別の展開を生み出しました。なんと、２０１５年９月９日にはじまったマドンナのワールドツアーで、彼女のバックダンサーたちが甲冑パンツを穿いてくれたのです。

ことのはじまりは、その1年ほど前。うちの女性社員が受けた電話でした。「野木さん、なんか……マドンナって言ってますけど」「マドンナ？　あのマドンナ？　嘘やろ？」

電話を替わってもらうと、ニューヨークからかけているという日本人の女性が、「マドンナの衣装をデザインしているチーフデザイナーのアシスタント」だと名乗りました。

アシスタント女性「マドンナってご存知ですか？」
野木「歌い手のマドンナさんやったら知ってますけど」
アシスタント女性「そうです。そのマドンナです」

なんだかコントみたいな会話ですが、そんな感じでした。聞けば、ワールドツアーの衣装を検討している段階で、侍アンダーウェアが候補に挙がっている、ついてはサンプルを購入したいとのこと。私は、そういうことならお代はええからと、甲冑パンツをニューヨークに送りました。

1ヶ月経ち、2ヶ月経ち、待てど暮らせど連絡がないので諦めかけてきたところ、彼女から電話。「バッチリです」。5種類の武将で11人分、全部で55枚ほしいとのこと。クレジットカードを切ってくださいという申し出がありましたが、私はいちかばちかでこう言いました。

「パンツは無償提供でいいです、その代わりマドンナさんのライブでパンツが写っている写真1枚だけでもいいので使用許可をください」

すると、後日マネジメントからＯＫが出ました。

ただ、正直言って、その時点の私はまだ疑っていました。そんな簡単に許可なんか出るはずがない。もしこの話が嘘で、タダで送った甲冑パンツがニューヨークの路上で1枚5000円くらいで叩き売りされていたら……、とも思ったのですが、それはそれで笑い話として最高やん、ネタに使える――それくらいに考えていたのです。

待ちに待った9月9日、YouTubeにかじりつきでライブ動画がアップされないかチェック。しかし見つかりません。次の日、そのまた次の日、そのまたまた次の日と、毎日仕事中、帰宅後、YouTubeをチェックしました。諦めかけていた1週間が経った頃、見つけたんです！　甲冑パンツが映っている動画を！　もう叫びました！

「やった!!　本物やった!!」

できれば生でそのパンツを観たい！　そう思っていたのですが、アメリカやヨーロッパにまで行ってライブを観ることはできません。アジアツアーが開催されるのを祈っていたところ、なんとアジアツアーも決定。めでたく日本でその勇姿を観ることができるのです。

チケット発売日、必死になって私はチケットを買いました。5万円（！）もするスタンド席。パンツをタダで渡し、5万円も出費して、私は一体何をやってるんでしょうか……。

そんな日本公演の前日、アシスタントの彼女から電話がありました。「招待券は届きましたか？」「え？　届いてないですよ」「本当ですか！　じゃあ私が今すぐ手配します！　当日は関係者受付に行ってください。何席必要ですか？」

今日の明日ですから、都合のつく人なんていません。私は娘と2人分の席をお願いしました。

翌日、案内された席は完全にＶＩＰ席。ダンサーの家族など関係者しか入れないラウンジには、美味しそうな食べ物、飲み物が山ほどあったので、私は食って、飲んで、ベロベロになりました（笑）。

席に戻ると、アシスタントの彼女が私たちを探していました。彼女は開口一番「野木さん、このステージの下のバックステージを案内するので今から行きましょう！」。私と娘はマドンナやダンサーの控室を案内されました。こんなこと、一生に何度も経験できることではありません。満員のスーパーアリーナのステージの下に行くとスタンドからは「誰あれ？」って感じでじろじろ見られてました。

優越感に浸って通路を歩いていると、バックダンサーの衣装とともに甲冑パンツが干してあるではありませんか！　私は絶対に公開しないことを条件に、記念に写真を撮らせてもらいました。

そして、予想だにしていなかったことが起こりました。次の日、ＮＯＢＵさんから電話。「今日、『ＮＯＢＵトーキョー』にマドンナの予約が入ったよ。紹介できるかもしれないからおいで」

マジですか?! ミラクルです！ そりゃあ行きますよ！

コンサートでは甲冑パンツを穿いて踊るダンサーをしっかり確認しました。存分に堪能した翌日、予約の時間に「ＮＯＢＵトーキョー」で待機。しかし、待てど暮らせどマドンナは来ません。待つこと1時間半。それでも来ないので「帰ります」と諦めてタクシーで帰途についたのですが、家に到着する直前に電話が鳴りました。

「来たよ！」

私はタクシーをそのままＵターンさせ、「ＮＯＢＵトーキョー」に戻りました。「ＮＯＢＵトーキョー」の一番奥の席にはあのマドンナがいました。私はマドンナが食事を終えるのをカウンターでじっと待ちます。

彼女が食事を終えたところでＮＯＢＵさんの長女・純子さんが私をマドンナに紹介してくれたのですが、緊張のあまり何も言葉が出てきません。

純子さんがアンダーウェアがどうのと英語で説明してくれて、マドンナが「ワオ、リアリー？」。私は「オッケー、サンキューベリマッチ」。それが精一杯でした……。情けない。ほんと、情けない。

甲冑パンツがマドンナのワールドツアーで使われたことは、写真とともに宣伝に使いましたが、実はまったく効果がありませんでした（なんでやねん！）。ただ、そんなこと以上に甲冑パンツが私に運んできたものは大きかったと思います。世界的アーティストのワールドツアーの舞台裏をのぞかせてもらい、マドンナ本人からも「ワオ」と言われた奴なんて、まぁ、なかなかおらへんでしょ？

何より、ネタとして面白いですよね。

魂に火はついているか？

大枚をはたいた東郷神社の展示会も、前代未聞のマドンナの件も、決断する際に迷わなかったと言ったら嘘になります。

でも私が常に思っているのは、「迷ったら、やる」です。

「すごくお金がかかるなあ」「これって、やる意味あるのかな?」

ビジネスには常にこのような懸念材料がつきまといます。だけど、「どうしようか迷っているということは、やりたい気持ちが少なくとも50%はある。それならやってみんかい!」と、私は自分に言い聞かせています。

なぜなら、**本当にやるべきではない時は、考えるまでもなく一切迷わない**から。

これは直感に従うこととも似ているのですが、結局のところ、「やりたい」と思っている時は無意識のうちに好材料を探していますし、「やらないでおこう」と思っている時は悪い材料を探しているのです。

つまり、材料の良し悪しでやる・やらないを決めるのではありません。「私の魂がやりたがっているか・やりたがっていないか」が、すべてにおいて先行するということです。これ、全然ロジカルではないですよね。経営者としてほんまにそれでええんかという声も聞こえてきそうです。

でも、どんなビジネスであっても「自分の魂が燃えているか、燃えていないか」が、その成否を決める鍵だと思うのです。すなわち、燃えている=やりたがっている、燃えていない=やりたがっていない。

最初から魂が燃えないのは論外ですが、「かつては燃えていたのに、今は鎮火しそうになっている」こともありますよね。要は、魂が「冷めてきた」状態です。そんな時、そのビジネスを今後も続けるかどうかは、「もう一回、火勢を取り戻せそうか」にかかっています。

私は、すでに消えてしまっている火を、改めて点火する必要はないと思っています。なぜなら、本物の火と同じで、少しでも火が残っていれば、再び強い火勢に戻せる可能性はありますが、一旦完全に消えてしまった火をもう一度おこすのは、すごく大変だから。

火は、消すのは簡単。つけるのが一番むずかしい。だから、一旦火がついたのなら、それはとことん大きな火にすべきだと思います。

私のビジネス判断の基本ルールを極限まで突き詰めてみると、たぶんこんなんです。単純すぎますか？

EXPAND 114

すがるものより燃えるもの、それが人生の「柱」になる

「毎日オモロイ！」と死ぬまで思える人生を送りましょ！

人生100年時代に「柱」は絶対必要

魂の火を燃やし続けるには、燃やすに値する、一生を賭けて取り組むべきものが必要です。私はそれを、人生の「柱」と呼んでいます。

「柱」とは、情熱を一生持ち続けられるもの。大切で、大好きだと胸を張れるもの。飲み屋で同席した人にそれについての夢を何時間も語れるもの。自分の売りとなるコンテンツであり、人生を歩んでいくために必要な武器です。

「柱」は仕事でも趣味でも、なんでも構いません。

仕事に打ち込んでいる人は仕事そのものでしょうし、それが「音楽活動」や「ある分野の研究」である方もいれば、「特定のアーティストや作家について、誰よりも詳しいこと」が「柱」の方もいるでしょう。

ただ、「柱」が今の仕事とイコールの方は注意してください。なぜなら、その「柱」が会社組織に属していないと成立しえないものだとすると、定年後に「柱」を奪われてしまうからです。

今は人生１００年時代と言われています。政府の「人生１００年時代構想推進室」による試算では、２０１７年に生まれた子どもの半数が１０９歳より長く生きるとのこと。仮に平均寿命を１００歳とするとサラリーマンが65歳定年に延びたとしても、残り35年。１０９歳なら残り44年もあります。

一般的に、大きな会社は組織に属してさえいれば黙っていても仕事は用意されるものですが、仕事を１００％「柱」にしていた人はそれがなくなった後、44年間も一体どう生きていけばいいのでしょうか。

組織に属していようがいまいが、情熱を傾けられる自分の「柱」をちゃんと用意しておかないと、生きていくのが相当しんどいことになります。

もちろん、「柱」が仕事に絡んでいれば実利的な役にも立つでしょう。ただ、退職後の生活のために「柱」を無理に設定しても、あまり長続きはしないでしょう。

たとえばですが、「つぶしがきく」「世間のトレンドがきている」などの理由で、たいして興味もない分野の資格を取っても、「柱」にはなり得ません。売れる（＝金になる）ものと、やり続けられるものは違うと思います。

また、「柱」は誰かや、何かの真似《まね》では、もっとアカンと思います。

なぜなら、**真似には「ゴール」が最初から設定されてしまう**からです。iPhoneの真似をしてスマホをデザインしても、その商品の行き着く先は、結局iPhone以下はあっても、iPhone以上にはなり得ないのです。最初から天井を設定してしまうわけですから、新しいものは絶対に生まれません。

真似た「柱」は、温室の苗床で育てられる植物にもたとえられます。雨風をしのげますから最初のうちは順調に育つでしょうが、結局は温室という囲われたスペース以上には成長できません。

一方、唯一無二の「柱」は、厳しい自然の中に放り出された種子のようなもの。どう育てばいいかのお手本もない。

厳しい風雨で枯れてしまうかもしれない。天候が悪ければ、あるいは土が痩《や》せていれば、栄養も不足気味。でも、それを乗り越えれば強靭《きょうじん》に育ちます。ちょっとやそっとの雨風ではびくともしない根を張り、太くたくましい幹と、力強い枝葉が茂るでしょう。

そもそも、「ゴール」がどこかわからないって、実にオモロいと思いませんか？

「他にないものを作りたい」は単なるカッコつけじゃない。誰あろう自分がオモロい人生を送るために、そう宣言するのです。

執着を捨てて、はじめて「柱」になる

私、野木志郎の「柱」はさてなんだと思いますか？　別になんでもええわい。そんないけずなこと言わずにちょっと聞いてください。普通なら、そりゃあ「包帯パンツ」でしょうって、思いますよね。いえ、ちょっと違って、私の柱は「包帯」なのです。

２００７年に発売された包帯パンツでしたが、実は私の中で、今でも進化していて〝完成〟していません。ずっとパンツ一筋でやっていましたが、なかなか完全、完璧な納得いく形にならないのです。

もっと良い裁断や縫製の方法があるのではないか？　あっちが気になり、こっちが気になり、終わりなきマイナーチェンジが延々と続いています。その意味で包帯パンツはずっと〝未完成品〟ですから、「柱」としてもよさそうなもの。しかし、もっと

大きな柱を見つけたのです。

それはある時、包帯素材でTシャツを手がけることになって、気づきました。包帯素材がパンツ以外にも多面的に展開できる可能性がある。シャツ、ジャケット、タオル、シーツ、あるわあるわ、他のアンダーウエアブランドと戦っている領域だけでなく、限りなく大きな可能性がある！

包帯という素材は限りない伸びしろと可能性を秘めていることがやっとわかったのです。そう、私の「柱」は包帯パンツではなく「包帯」という素材なんだ！

それまでの私は「パンツ一筋」に執着し、パンツ以外に浮気してなるものかと自分に言い聞かせていました。でも、それを一旦保留にして包帯素材の可能性を追求してみたら、一気に霧が晴れました。

それまでの私は、包帯パンツという圧倒的なパワーがある商品に「すがって」いたのでしょう。だから、意欲はあるけど一生を支えるほどの「柱」にはなり得なかった。

大切なのは、「すがる」ことではなく「燃える」ことだったんです。包帯素材のポテンシャルを理解し、開発魂に火がつくことで、ようやく「柱」にできたわけです。

パンツへの愛を捨てたわけじゃない。ただ、執着を外したら見えてきたものがある。おかげでそれ以降は、今まで以上に包帯パンツのアイデアが浮かぶようになってきました。

ここには大事なヒントが隠されています。**情熱を燃やして邁進しているのに、何かに詰まってしまったら、一度追求の手を止めて俯瞰してみたり、立ち止まって周囲を見回してみたりするのがいい**のではないでしょうか。

人にせよ、仕事にせよ、「相手との関係性、そして自分が燃えているかどうかを見つめ直す」ということです。

きっと、本物の「柱」が見つかるでしょう。

自分の中にしっかりした「柱」が構築されると、やろうとしていること、守らなければならないことがブレません。

包帯パンツに関しては、さまざまなアイデアや提案が社内外から持ちかけられますが、そのどれをやるべきで、どれをやるべきでないかが、明確になるのです。

「柱」に揺るぎない軸が据わっているからこそ、大胆なチャレンジであってもブランドを損ねないことが確信できますし、「これは包帯パンツがやるべき展開やない」といった判断も即決できます。

最初のうち、「柱」は細くても構いません。ずっと好きでいられるもの、燃えていられるものであれば、きっと激しい雨風にも耐えられます。

揺るぎない人生の「柱」をぜひ見つけてください！

おわりに

最後にこんなことを書いてええんかなぁと思ったりもしますが、この本には裏の題名があります。それは「感謝のパンツ」。私の中で勝手に決めていることですが、ほんと私の人生、感謝しかないです。

まず、この包帯パンツが育ったのも、今でも販売し続けられているのも、弊社スタッフの二人、安田道予と曽根知子がいるからできたものだと思っています。本当にありがとう（ちょっと照れくさいなぁ、泣いたらあかんで〜）。

そして包帯編みの生みの親、寺田さん、松原さん、岡本さん、染色の防農さん、岡市さん、小杉さん、㈱ＩＲの井上社長、中川さん、中山さん、元工場長の猪井さん、元裁断の井上さん、そして包帯のアイデアを生んだ親父、この方々の協力がなければ包帯パンツは生まれなかったし、今の俺は存在しません。本当に心から感謝いたします。

そして、私に生まれてはじめての出版を提案いただいた、あさ出版の財津さん、そして最終決済をしてくださったあさ出版の佐藤和夫社長、本当にありがとうございます。御社の冒険心、感服致します。そして長時間にわたり取材をし、ライティングを手伝ってくださった稲田さん、おおきに‼　ほんと感謝感謝です！

今回、俺ごときが本を出すなんて10年早いと思いましたが、10年経ったらたぶん酒の飲みすぎでボケているか、生きているかわからんので、俺を育ててくださった方々への感謝の気持ちを少しでも早い段階で本にできたらなと思い、若輩者ですが恥ずかしながら出版を決意しました。

実際に取材がはじまり、自分の今までの軌跡を振り返ってみると、いかに私が周りの諸先輩方に育てられてきたか、助けられてきたかということを改めて思い出しました。また、周りのスタッフ・関係者様・家族にどれだけ応援されて自分が育ってきたかも再認識しました。本当に感謝です。ここに書き切れないほどたくさんの人たちに育てられ、少しずつ成長してきたのだなと実感しています。ありがとうございます！

「包帯」は12年間、いろんな方々に育てられ、それを経て、今、新しいフェーズに入りました。素材としての特性をもっと別ジャンルで生かすということです。今まで「パンツ」というごくごく小さいマーケットで切磋琢磨してきたのですが、よくよく考えると「包帯」という高機能の素材をまだまだ生かし切れていない、もっとポテンシャルがあるはず、と思いました。編み組織を変えてみる、糸を変えてみる、使い方を変えてみる、そう考えると、その新しい包帯を使って製品開発をすれば、まだまだ人様のために貢献できるのではないかと確信したのです。

「よし！　もう一度初心に戻り、熱い情熱で開発した頃を思い出して新たな製品開発に挑戦したる‼」と。

そんなことを「おわりに」にと考えていると、この本が出来上がる最終段階のタイミングで、すごい話が飛び込んできました。

とある大学の研究室が開発した革命的な新素材があります。これを使った商品開発を、我がログインが一手に担うことになったのです！

世界のどこにも存在しない、まったく新しいこの新素材を下着に織り込めば、ドラえもんのひみつ道具ばりに、夢のような〝健康的効果〟がいくつも期待できるとのこと。これ、海外の著名大学も巻き込んだすごい話で、市場規模は数百億円だそう（権利が絡んだ話なので、この程度しか言えなくて、すんません！）。

なんややっぱり最後は金か！　そういった声も聞こえてきそうですが、こんな小さな会社でも、大きなビジネスにがっつり入ることができる。これも全部、包帯パンツがつないだ人との縁がもと、包帯パンツさまさまです。

今開発している新商品もそうですが、子どもから高齢者まで幅広い世代で求められているもの、不足しているもの、まだまだ、包帯には開発の余地が残されていると思います。我々（ログインチーム）はそれらの課題に挑戦し続けます！

包帯パンツとともに！

最後まで読んでいただき、感謝感謝です。

２０１９年１月

野木志郎

包帯パンツの歩み

【2002年】
6月　日韓共催2002 FIFAワールドカップを観て感動し、スポーツ用アンダーウェア開発を決意
【2005年】
4月　「包帯」に着眼
【2007年】
2月　「包帯生地」完成
11月　ユナイテッドアローズ全国30店舗にて「包帯パンツ」販売開始
【2008年】
1月　新宿伊勢丹にて販売開始
5月　世界文化社ファッション雑誌「MEN'S EX」アンダーウェア部門MEN'S EX大賞受賞
7月　新宿伊勢丹メンズ肌着売場　週間ベストセラー賞初受賞
8月　新宿伊勢丹メンズ肌着売場　月間ベストセラー賞初受賞
11月　東郷神社（原宿）にて「包帯の陣」展示会を開催、「甲冑パンツ」発表

8月　「包帯」製造方法及び加工方法として2種の特許権取得
9月　日本「包帯パンツ」商標権取得
10月　フジテレビ「ウオーキングPLUS」、日本ウオーキング協会とコラボ「ウオーキング包帯パンツ」発売
【2011年】
8月　グンゼ株式会社とのコラボレーション「Body Wild包帯パンツ」を限定発売
株式会社ワールドとのコラボレーション「BaseControl包帯パンツ」発売
【2012年】
1月　経済産業省「クールジャパン」に選出、中国・上海にて展示会出展
2月　SuperSportsXEBIO「STYLISHBLACK包帯パンツ」発売
3月　株式会社ゴールドウインとコラボレーション「MXP包帯パンツ」発売
9月　東海大学硬式野球部公式アンダーウエア製作
10月　韓国「SIDO」商標権取得
【2013年】
2月　イギリスデザイナー・ジョディバートンとのコラボ

【2009年】
4月 Callaway Golfとのコラボレーション「ゴルフ包帯パンツ」発売
4月 映画「ウォーロード／男たちの誓い」とのコラボレーション「甲冑パンツ」発売
5月 米国「SIDO」商標権取得
9月 仏・パリで開催された服飾の国際見本市「WHO'S NEXT」に出展
9月 TAKEO KIKUCHIとのコラボレーション「HOHTAIねじれワッチ」発売
10月 日本橋三越本店中央ホールにて「Japants」展示会を開催

【2010年】
1月 bjリーグ「bjリーグ公式包帯パンツ」発売
2月 阪神タイガース公認「猛虎甲冑パンツ」発売
2月 フランス、イタリア、スイスのセレクトショップ18店舗にて「包帯パンツ」発売
5月 繊研新聞社主催「全国百貨店バイヤーズ大賞」新人賞受賞
6月 NBAジャパンと「NBA公式包帯パンツ」開発決定　後にNBAジャパン事業撤退

「ブラックユーモア包帯パンツ」発売
3月 モデル・鈴木奈々監修「包帯パンツ」イトーヨーカ堂にて発売
トリンプ・インターナショナル・ジャパン株式会社とのコラボレーション「包帯ショーツ」発売

【2014年】
3月 新宿伊勢丹「DARTH VADER and son 包帯パンツ」発売
東京ビッグサイト「健康博覧会2014」に出展
9月 小山薫堂プロデュース「CHALIE VICE包帯パンツ」発売

【2015年】
4月 富士五湖ウルトラマラソン協賛
9月 米国歌手・マドンナによる「レベル・ハート・ツアー」で「甲冑パンツ」がステージ衣装として採用

【2016年】
11月 永作博美さんプロデュース「ヨダか」とのコラボレーション「包帯パンツ・ショーツ」発売

【2018年】
4月 株式会社ワコールとのコラボレーション包帯ショーツ「エアリラ」発売

著者紹介

野木志郎（のぎ・しろう）

1960年、大阪府高槻市生まれ。立命館大学法学部法学科卒業。1987年株式会社千趣会入社。紅茶、出版物、音楽CD、磁器、プラスチック製品等々の仕入れや、モデル「SHIHO」単独のファッションカタログをプロデュースするなど、新商品、新規事業を中心に担当する。2002年に千趣会を辞め、父親の会社「ユニオン野木」に入社。その後「包帯パンツ」を開発し、2006年にログイン株式会社を設立して独立する。人と同じことをするのが大の苦手で、2008年にプリントのかわいいパンツが流行する中、戦国武将をイメージしてデザインした包帯パンツ「甲冑パンツ」を原宿の東郷神社にて発表。このことがきっかけで全国の新聞、雑誌、テレビ、ラジオなどあらゆるメディアに合計500回を超える取材を受けるほど注目を集める。包帯パンツは2019年1月現在、世界で130万枚を売上げ、世界的なシェフ・松久信幸（NOBU）氏やロバート・デ・ニーロ氏など、国内外の著名人にも多くのファンを持つ。

日本《にほん》の小《ちい》さなパンツ屋《や》が世界《せかい》の一流《いちりゅう》に愛《あい》される理由《わけ》

〈検印省略〉

2019年　1　月　20　日　第　1　刷発行

著　者――野木　志郎（のぎ・しろう）

発行者――佐藤　和夫

発行所――株式会社あさ出版

〒171-0022　東京都豊島区南池袋2-9-9 第一池袋ホワイトビル 6F

電　話　03 (3983) 3225（販売）

　　　　03 (3983) 3227（編集）

F A X　03 (3983) 3226

U R L　http://www.asa21.com/

E-mail　info@asa21.com

振　替　00160-1-720619

印刷・製本　神谷印刷（株）

乱丁本・落丁本はお取替え致します。

facebook　http://www.facebook.com/asapublishing

twitter　http://twitter.com/asapublishing

ISBN978-4-86667-113-0 C2034